CONTENTS

Recettes d'amuse-gueule asiatiques avec instructions simples   1

Préface de l'éditeur   2

Sushi sans riz   4

Salade de calamars   6

Rouleaux asiatiques   7

Rouleaux de printemps vietnamiens   9

Gâteaux de maïs cuits au four   11

Biscuits thaïlandais au poisson avec concombre - gingembre - relish   12

Boulettes de crabe frites avec relish de légumes épicés   15

Rouleaux de printemps thaïlandais juteux   17

Gâteaux de maïs   19

Soupe banane - curry - poireaux   20

Salade de papaye verte   21

Congee à la polenta et aux patates douces   23

Toast asiatique   24

Rouleaux de printemps   26

Poulet du wok   28

Boulettes de viande asiatiques/japonaises   30

Soupe de canard épicée   32

Soupe thaïlandaise au poulet rouge	34
Soupe de nouilles japonaise épicée à la viande de poulet	35
Onigirazu	37
Soupe asiatique carotte-gingembre	39
Soupe de tomates exotique	41
Soupe chinoise à la tomate avec viande de poulet	42
Soupe Pho	44
Potiron au sirop de soja	46
Brochettes de langoustines avec pois gourmands et mayonnaise au citron vert et à la noix de coco	47
Soupe au curry vert	49
Les sushis ne sont pas une solution non plus	51
Brochettes de saté avec trempette aux cacahuètes	53
Posot Chojang	55
Lon Tau Tschiejau	57
Tom Yam Plah	59
Soupe asiatique aux asperges	61
Soupe à la citronnelle et à la noix de coco	63
Soupe de poulet au curry	65
Tom Yam Goong	66
Brochettes de satay marinées au porc	68
Soupe de Bihun	70
Soupe de poisson chinoise	72
Les fourmis grimpent dans l'arbre	74
Escalopes de poulet épicées de la mijoteuse	76
Char siu bao (petits pains blancs)	77
Boulettes à la vapeur	79
Momos du Népal	82

Soupe asiatique Ying et Yang 84

Sachets de salade à la chinoise 86

Moules thaïlandaises sucrées 87

Poulet au curry - WanTans 88

Crevettes royales enveloppées dans de la pâte de riz 89

Trempette aux cacahuètes et à la moutarde 90

Crevettes Tempura 92

Boules de perles 93

WanTan au four 94

Rouleaux de printemps végétariens 95

Ail sauvage frit - Wantans 97

Crevettes asiatiques / crevettes à la façon légère 99

Khanom Pang Na Gung 101

Boulettes de crevettes 103

Lasagne aux sushis 104

Crevettes royales enveloppées de riz 106

Boulettes de crevettes chinoises 107

Sauce aux cacahuètes 109

Variation de rouleaux de printemps au wasabi - crème 110
aigre

Poisson cuit à la vapeur dans des feuilles de bananier 113

Rouleaux de printemps thaïs 115

Pan de nouilles indonésien 117

Œufs au tamarin 119

Rouleau de printemps au canard 121

WanTan aux légumes avec dip au soja 123

Rondelles d'oignon frites enrobées de sésame 125

Rouleaux de printemps vietnamiens 127

Rouleau de printemps vietnamien 129

Boulettes - Boulettes chinoises 131

Rouleaux de printemps frais vietnamiens 133

Fleurs de courgettes farcies en pâte à tempura 135

Palourdes épicées 137

Brochettes de poulet saté à la sauce cacahuète 139

Jambon - Fromage - WanTans 141

Soupe de noix de coco - sagou 142

Toast aux crevettes 143

Poulet - Bâtonnets au sésame 145

Pain frit avec du porc haché - à tartiner 147

Bâtonnets de toast aux crevettes et au sésame 149

Poches de viande indonésiennes - Risoles 151

Œufs marinés 153

Soupe chinoise aux pommes au curry avec de la viande de poulet 155

Saumon sauvage canadien cuit au four au curry et concombre sauté dans une sauce yaourt-citron vert 157

Poulet chinois authentique à la mode du Sichuan 159

Poires au vin de prunes 162

Crevettes au curry et à la mangue 164

Brochettes de bœuf à l'asiatique 166

Pilons de poulet avec trempette au tamarin 167

Nouilles Dan-Dan 169

Crevettes au four 170

rouleaux de printemps spéciaux 171

Tartare de thon épicé 173

Suzma 174

Poulet - Saté 175

Pla de l'homme de la mort   177

Avocat - Crostini   179

Gâteaux de riz au rhum   181

Crevettes au Kecap - beurre   182

Jaune d'œuf fermenté   183

Croquette Goreng   184

WanTans avec trempette de crème aigre   186

Œufs au thé   188

Rouleaux à la coriandre   189

Bœuf tatar asiatique   191

Mini rouleaux de printemps traditionnels   193

Pâté Lerber   195

Mentions légales   197

RECETTES D'AMUSE-GUEULE ASIATIQUES AVEC INSTRUCTIONS SIMPLES

Les meilleures recettes du monde

Serra Fuji

La façon asiatique de cuisiner et de manger

PRÉFACE DE L'ÉDITEUR

Nous sommes heureux que vous ayez choisi ce livre.
Si vous êtes en possession d'un livre de poche, nous
vous enverrons volontiers le même sous forme de livre
électronique, vous pourrez alors facilement tourner les
pages de façon numérique aussi bien que normale.

Nous attachons une grande importance au fait que tous
nos auteurs, lorsqu'ils créent leurs propres livres de cuisine,
ont recuisiné toutes leurs recettes plusieurs fois.
Par conséquent, la qualité de la conception des recettes
et les instructions de recuisson sont détaillées
et ne manqueront pas de réussir.

Nos auteurs s'efforcent d'optimiser vos recettes, mais
les goûts sont et seront toujours différents !

Chez Mindful Publishing, nous soutenons la création des
livres, afin que les auteurs créatifs des recettes puissent
prendre leur temps et prendre plaisir à cuisiner.

Nous apprécions votre opinion sur nos recettes. Nous vous
serions donc reconnaissants de commenter le livre et de nous
faire part de votre expérience avec ces excellentes recettes !

Afin de réduire les coûts d'impression de nos livres et d'offrir
la possibilité de proposer des recettes dans des livres, nous
devons nous passer de photos dans les livres de cuisine. La
version numérique a le même contenu que le livre de poche.

Nos recettes vous convaincront et vous révéleront un style culinaire dont vous ne pourrez plus vous passer !

SUSHI SANS RIZ

Ingrédients

½|Feuille de nori
1|Surimi en bâtonnets, longs
⅛|Avocado(s)
2 lanières de saumon cru
quelques concombre(s)
un peu de fromage (masago)
un peu de wasabi

Préparation

Pour la garniture, coupez l'avocat et le concombre en fines lamelles. Utilisez soit un long bâtonnet de surimi, soit 2,5 bâtonnets courts. Coupez le saumon cru en lamelles de la même épaisseur que possible.

Placez la demi-feuille de nori, côté brillant vers le bas, sur une natte de bambou. Répartissez toute la garniture au centre de la feuille. Veillez à l'empiler de manière aussi compacte que possible, cela facilitera le roulage.

Assaisonnez un peu de wasabi et humidifiez le bord supérieur avec de l'eau avant de rouler. À l'aide de la natte de bambou, pliez la feuille de nori complètement autour de la garniture et scellez-la.

À l'aide d'un couteau très aiguisé, coupez le rouleau en 6 morceaux égaux. Servir avec un peu de sauce soja et du gingembre mariné (gari).

Cette recette est idéale comme petit apéritif très léger !

La préparation des sushis est un peu plus complexe, principalement en raison de la cuisson du riz. Certaines personnes n'aiment pas particulièrement manger du riz, alors pourquoi ne pas manger des sushis sans riz ?

Sushi se traduit par "riz levé". Par conséquent, les sushis sans riz ne portent pas le bon nom, mais ils sont tout de même délicieux !

SALADE DE CALAMARS

Ingrédients

1 oignon(s) rouge(s), coupé(s) en deux et en tranches
1 oignon(s) blanc(s), coupé(s) en deux, tranché(s)
3 gousse(s) d'ail
5|piment(s) thaïlandais, frais, égrené(s) et épépiné(s)
1 tige|de coriandre verte, avec la racine
3 cuillères à soupe de sauce de poisson
3 cuillères à soupe de jus de citron vert
1 cuillère à café de sucre
500 g|de seiche(s), sans tête, sans tentacules, prête(s) à cuire

Préparation

Coupez la racine de coriandre, hachez la tige de
coriandre et les feuilles de coriandre, réservez.
Broyez la racine de coriandre, l'ail et les piments dans un
mortier, puis mettez-les dans un saladier. Ajouter la sauce
de poisson, le jus de citron vert et le sucre, bien mélanger.
Couper les calmars en bandes de 5 cm de long et de 1 cm de
large. Mettre de l'eau dans une casserole, blanchir les lanières
de calmar pendant 1 min, égoutter et bien égoutter.
Ajouter les lanières de calmar chaudes à la sauce
avec les oignons et les feuilles de coriandre,
bien mélanger le tout, servir tiède.

ROULEAUX ASIATIQUES

Ingrédients

8|feuilles de pâte, (pâte filo) du magasin asiatique
ou faites maison, voir les recettes de Samosa)
2 poitrines de poulet
1 oignon(s) nouveau(x)
1|piment(s) vert(s)
1|carotte(s)
150 g de germes de soja
|Huile d'olive
|Sel et poivre
2|orange(s)
½ tasse|de sauce soja
2 cuillères à soupe de miel
|Piment au goût

Préparation

Pour la sauce, pressez les oranges et faites réduire le jus avec la sauce soja, le miel et le piment dans une casserole.

Emincez ou coupez très finement l'oignon nouveau, le poivron et la carotte. Faites sauter les légumes avec un peu d'huile dans une poêle et ajoutez du sel. Ajouter les germes de soja, mélanger brièvement et retirer la poêle du feu.

Coupez le filet de poulet en lanières, salez et poivrez et faites-le sauter dans un peu d'huile. Mettez-le ensuite dans une grande passoire avec les légumes pour que le liquide s'égoutte bien.

Répartissez le mélange légumes-poulet sur les feuilles de pâte et formez des rouleaux. Fermez bien les extrémités.

Faites chauffer l'huile dans une poêle et faites-y frire les paquets jusqu'à ce qu'ils soient dorés. Egouttez-les sur du papier absorbant. Servez les rouleaux avec la sauce et le persil, si vous le souhaitez.

Version végétarienne : Au lieu du poulet, utilisez du tofu ou plus de légumes.

On peut aussi varier avec d'autres légumes.

ROULEAUX DE PRINTEMPS VIETNAMIENS

Ingrédients

25 petites feuilles de pâte pour rouleaux
de printemps (papier de riz)
100 g de nouilles en verre
100 g de chou blanc
2 carotte(s)
1 gousse/s d'ail
250 g de viande hachée (porc)
30 g de champignons Mu-Err séchés
3 oignon(s) de printemps
|sel
|poivre
|crème pour la pâte à frire
|huile pour la friture

Préparation

Faites tremper les nouilles de verre (environ 10 minutes) et les champignons Mu-Err séparément dans de l'eau chaude. Egouttez les nouilles de verre et placez-les dans un grand bol.

Nettoyez et hachez ou râpez le chou blanc, les carottes et les oignons verts et ajoutez-les aux nouilles de verre. Hachez également les champignons muh-err trempés et ajoutez-les au bol. Ajoutez la viande hachée. Assaisonnez avec du sel, du poivre et de l'ail écrasé. Pétrir soigneusement.

À l'aide d'une cuillère à soupe, déposez une boulette du mélange sur chaque feuille de papier de riz. Badigeonnez les bords des feuilles de papier de riz avec de la crème pour les aider à adhérer. Ensuite, plier et rouler pour former un nem.

Faites cuire dans la graisse de friture chaude jusqu'à ce que la feuille de papier de riz soit dorée.

Servir avec de la sauce chili sucrée.

GÂTEAUX DE MAÏS CUITS AU FOUR

Ingrédients

500 g de maïs en boîte (poids égoutté)
1 botte d'oignon(s) nouveau(x)
3 œuf(s)
4 brins de coriandre, ou moins, selon votre goût
2 piment(s) rouge(s) et vert(s)
1 morceau(s) de gingembre, de la taille d'une noisette
à celle d'une noix
5 cuillères à soupe d'huile
2 cuillères à soupe de farine
|Épice(s), au goût

Préparation

Hachez un peu le maïs égoutté, ainsi que les oignons de printemps, hachez finement les feuilles de coriandre, les piments également, et râpez le gingembre. Mélangez le tout dans un bol avec les œufs, la farine et les épices selon votre goût (n'oubliez pas de saler !). Si la pâte est encore trop liquide, ajoutez un peu plus de farine.

Faites chauffer l'huile dans une poêle et faites-y frire de petites galettes de pâte (environ 3 minutes).

Dégustez-les nature ou avec un dip. Se marient également bien avec une salade.

BISCUITS THAÏLANDAIS AU POISSON AVEC CONCOMBRE - GINGEMBRE - RELISH

Ingrédients

300 g de filet(s) de poisson, (par exemple, du sébaste ou du cabillaud)

1 cuillère à soupe|de pâte de curry, rouge

1 œuf(s)

4 cuillères à soupe de sauce de poisson

½ cuillère à café|de sucre blanc fin

4|feuilles de kaffir lime (feuilles de magrood)

50 g de haricots, haricots serpent (environ 3 morceaux)

1 cuillère à soupe|de feuilles de coriandre, hachées

1|piment(s), (rouge thaï), épépiné(s) et coupé(s) en anneaux

4 cuillères à soupe de vinaigre, (vinaigre de riz blanc)

4 cuillères à soupe d'eau

50 g|sucre blanc fin

1 bulbe/s|d'ail, mariné en bocal de conserve

¼ gros|concombre(s)

1 cm|de gingembre - racine

3 échalote(s), (thaï)

Préparation

Pour préparer la relish concombre-gingembre, placez l'eau, le vinaigre et le sucre dans une casserole et faites chauffer, en remuant constamment, jusqu'à ce que le sucre soit complètement dissous. Retirez du feu et laissez refroidir.

Séparez les gousses du bulbe d'ail mariné. Ce faisant, retirez la peau extérieure, large et fine. Hachez finement l'ail et le gingembre. Épluchez le concombre et coupez-le en fines tranches ou en bâtonnets. Coupez les échalotes en fines lamelles.

Placez le tout dans un bol et ajoutez le sirop, mélangez sans serrer. Couvrez et mettez de côté.

Coupez le filet de poisson préparé en cubes et hachez-le finement, mélangez-le bien avec la pâte de curry rouge, l'œuf, le sucre et la sauce de poisson et formez une boule dans un plus grand bol.

Remuez la *boule de poisson* plusieurs fois dans le bol jusqu'à ce que le mélange devienne plus ferme et plus collant (la procédure permet d'avoir de l'air sous le mélange et les Tod Man Plah montent bien lorsqu'ils sont frits).

Retirer le pétiole intérieur des feuilles de Magrood, les enrouler et les couper en fines lanières. Lavez les haricots serpent, coupez un peu les extrémités (les haricots serpent thaïlandais n'ont pas besoin d'être dé-filés) et coupez-les en anneaux très fins.

Mélangez bien les bandes de Magrood, les haricots, les feuilles de coriandre et les anneaux de piment.

Prenez environ 1/2 cuillère à soupe du mélange à la fois, formez de petites galettes et aplatissez-les (cela donne environ 20 morceaux).

Chauffer une grande quantité d'huile d'arachide ou de soja dans un wok (environ 180 degrés) et faire frire les galettes de poisson par lots pendant environ 4 - 5 min. jusqu'à ce qu'elles soient uniformément dorées. Déposer brièvement les galettes de poisson terminées sur du papier absorbant et les maintenir au chaud dans le four jusqu'à ce qu'elles soient toutes cuites.

Servir immédiatement avec la relish au concombre.

Garniture :
Feuilles de coriandre, anneaux de piment et magrood coupés en fines lamelles.

BOULETTES DE CRABE FRITES AVEC RELISH DE LÉGUMES ÉPICÉS

Ingrédients

250 g de surimi ou de chair de crabe, coupée en petits morceaux
120 g|Châtaignes (châtaignes d'eau en conserve), égouttées
2 cuillères à soupe d'amidon
1 cuillère à soupe de sherry
1 cuillère à soupe|d'oignon(s) printanier(s), haché(s)
½ cuillère à café|de poudre de gingembre
|poudre de curry
|poudre de chili
|sel
1 œuf(s) moyen(s)
1 bouteille d'huile pour la friture
1 poivron(s) rouge(s), en dés
1 poivron(s) jaune(s), coupé(s) en dés
1 boîte d'ananas en dés
1 pot de germes de haricots mungo, égouttés
150 g de châtaignes (châtaignes d'eau),
coupées en fines tranches
2 oignons de printemps, coupés en rondelles
1|gousse(s) d'ail, finement hachée(s)
au goût|épis de maïs (verre), jeunes
au goût|Sambal Oelek
|poudre de curry

|sel et poivre
|poudre de gingembre
sauce soja si nécessaire
éventuellement sauce (sauce dim sum)

Préparation

Pour les boulettes de viande, mélangez dans un bol le surimi ou la chair de crabe hachée avec 120 g de châtaignes d'eau hachées, la fécule de maïs, le xérès, les oignons verts hachés, 1/2 cuillère à café de gingembre en poudre, le curry en poudre, le piment en poudre, le sel et l'œuf. Mélangez ensuite le tout jusqu'à obtenir une masse pâteuse et uniforme. À l'aide d'une cuillère à café, découpez des morceaux de la pâte, formez des boules et faites-les frire par portions dans l'huile chaude jusqu'à ce qu'elles soient dorées. Ensuite, placez-les dans un bol tapissé de torchons afin que la graisse soit absorbée et puisse s'égoutter.

Pour les légumes frits, faites revenir les rondelles d'oignon avec l'ail dans un peu d'huile. Nettoyez ensuite les poivrons rouges et jaunes, coupez-les en cubes et ajoutez-les. Faire sauter pendant quelques minutes, puis ajouter les pousses de haricot mungo, les châtaignes d'eau coupées en tranches, les épis de maïs coupés en morceaux et les cubes d'ananas. Egouttez le jus d'ananas de la boîte dans un verre. Dès que la poêle devient sèche, ajoutez toujours un peu de jus d'ananas à la place de l'huile et assaisonnez avec le curry, le sel, le poivre, le gingembre et le sambal oelek. Le jus d'ananas devrait normalement s'évaporer assez rapidement, alors continuez à en ajouter de petites quantités. Une fois les légumes cuits, servez-les avec les boulettes de viande.

ROULEAUX DE PRINTEMPS THAÏLANDAIS JUTEUX

Ingrédients

100 g|de nouilles en verre
12 feuilles de pâte pour rouleaux de printemps, congelées
400 g de porc haché
100 g|Chou épicé, finement haché
100 g|carotte(s), râpée(s)
2 oignons de printemps, finement hachés
3 cuillères à soupe de sauce soja
2 cuillères à soupe de sauce aux huîtres
1 cuillère à soupe d'huile de sésame
1 cuillère à café|de poivre blanc
½ litre|d'huile pour la friture
un peu de sauce chili douce pour le trempage

Préparation

Ale commence par faire tremper les nouilles de verre dans de l'eau chaude selon les instructions figurant sur l'emballage. Décongelez les feuilles de pâte à rouleau de printemps et couvrez-les d'un torchon de cuisine humide pour éviter qu'elles ne se dessèchent.

Placez le porc haché, le chou pointu haché, les carottes râpées et les oignons verts finement hachés dans un bol.

Coupez les nouilles de verre en petits morceaux et ajoutez-les également dans le bol. Ajoutez ensuite la sauce de soja, la sauce d'huître, l'huile de sésame et le poivre et pétrissez le tout pour obtenir une masse homogène.

Posez une feuille de pâte à rouleau de printemps sur la table devant vous, la pointe tournée vers le corps, et remplissez le quart inférieur avec une partie de la garniture. Enveloppez-la avec la pointe et roulez-la d'un tour. Mouillez ensuite les côtés avec de l'eau et repliez-les. Puis enroulez jusqu'à la fin et humidifiez à nouveau la dernière pointe avec de l'eau pour la coller.

Faites frire les rouleaux de printemps dans un wok avec suffisamment d'huile jusqu'à ce qu'ils soient dorés.

Voilà les meilleurs rouleaux de printemps de Thaïlande.

GÂTEAUX DE MAÏS

Ingrédients

4 épis de maïs ou 250 g de maïs en conserve
2 gousse(s) d'ail
5 échalote(s)
3|feuilles de citron vert kaffir
1|oeuf(s)
1|oeuf blanc
3 cuillères à soupe de farine de maïs
5 cuillères à soupe de farine
3 cuillères à soupe d'oignon(s) nouveau(x)
|Sel et poivre
|huile végétale pour la friture

Préparation

Séparez le maïs des épis et passez-le au robot pendant 1 minute. La texture doit être un mélange de fin et de granuleux, transférez-la dans un bol. Ajoutez l'ail, les échalotes, les feuilles de citron vert et l'oignon vert haché et mélangez le tout. Incorporez les deux farines, ajoutez les œufs et les épices.

Faites chauffer l'huile. À l'aide de 2 cuillères, formez de petits gâteaux (comme des rösti de pommes de terre) à partir du mélange et faites-les frire jusqu'à ce qu'ils soient dorés. Égoutter sur du papier absorbant et servir.

Servir avec une salsa de tomates.

SOUPE BANANE - CURRY - POIREAUX

Ingrédients

2 banane(s)
1 bâton de poireau
½ litre|d'eau
2 cuillères à café|de broth au choix, instantané
1 cuillère à soupe|de poudre de curry, chaude
1 pincée(s) de romarin, finement hachée(s)
1 cuillère à soupe d'huile

Préparation

Pelez les bananes et coupez-les en rondelles. Assaisonnez-les abondamment de curry en poudre. Faites-les frire dans l'huile chaude, puis écrasez-les. Nettoyez les poireaux, coupez-les en tranches de l'épaisseur d'un doigt et ajoutez-les avec l'eau et le bouillon. Ajoutez une petite pincée de romarin. Laissez mijoter pendant 10 minutes, puis servez - les poireaux peuvent encore avoir un peu de mordant.

Conseil : si vous aimez que le plat soit un peu plus épicé, vous pouvez ajouter deux à quatre piments thaïlandais finement hachés.

SALADE DE PAPAYE VERTE

Ingrédients

200 g de papaye verte non mûre
1 piment(s), petits verts
1 gousse/s d'ail
300 g de haricots verts
1 cuillère à soupe|de cacahuètes non salées, grillées
1 cuillère à café|de crevettes séchées
6|tomate(s) cerise(s), coupées en quartiers
1 cuillère à soupe de jus de citron vert
1 cuillère à soupe|de sucre (sucre de palme), haché
1 cuillère à soupe de sauce soja

Préparation

Pelez la papaye et coupez-la en très fins bâtonnets. Nettoyez les haricots et coupez-les en morceaux de 1 cm. Coupez le piment en deux, retirez les graines et coupez-le en petits morceaux. Écraser grossièrement la papaye, le piment et l'ail, chacun en petites portions, de préférence dans un mortier ou alternativement dans un bol : une fois que tout est mordu, incorporer les haricots, les cacahuètes, les crevettes séchées et les tomates et bien mélanger. Assaisonnez avec le jus de citron vert haché, le sucre de palme et la sauce soja. Conseil : si vous souhaitez utiliser des crevettes séchées à la place des crevettes séchées, faites-les tremper dans de l'eau chaude pendant 5 minutes et hachez-les. Préparez la salade juste avant de la manger, sinon la papaye perdra sa texture ferme.

CONGEE À LA POLENTA ET AUX PATATES DOUCES

Ingrédients

100 g|de semoule de maïs
1 ½ litre d'eau
1 pomme(s) de terre douce(s) de taille moyenne

Préparation

Épluchez la patate douce, coupez-la en petits cubes, mettez-la dans une tête avec l'eau, portez à ébullition. Faites bouillir pendant 5 à 7 minutes jusqu'à ce que la patate douce soit tendre.

Ajouter progressivement la semoule de maïs, réduire la température, remuer constamment, cuire pendant environ 3 minutes.

Conseil : Selon votre goût, vous pouvez également ajouter du potiron. Si vous l'aimez sucré, ajoutez du sucre ou du sucre brun. Coupez le potiron en petits cubes, ajoutez-les à la patate douce.

TOAST ASIATIQUE

Ingrédients

250 g|de filet(s) de poitrine de poulet
|Sel et poivre, noir du moulin
|poudre de curry
1 cuillère à soupe|de fécule
1 cuillère à soupe d'huile
1 petite boîte/s|d'ananas, en morceaux (contenance 425 ml)
100 g|de céleri
1 cuillère à café de sauce soja
2 tranches de pain grillé
2 litschi(s)

Préparation

Coupez la viande de poulet en diagonale en lanières. Assaisonnez fortement avec du sel et du curry. Incorporez la maïzena et faites frire dans l'huile chaude jusqu'à ce qu'elle soit dorée de tous côtés. Egouttez les morceaux d'ananas, ajoutez-les et réduisez le feu.

Coupez le céleri en petits morceaux. Ajoutez-le à la poêle avec quatre cuillères à soupe de jus d'ananas. Assaisonnez avec la sauce soja, remuez bien et poursuivez la cuisson brièvement, assaisonnez selon votre goût.

Faites griller les tranches de pain et placez-les sur des assiettes préchauffées. Répartissez uniformément le contenu de la poêle sur les tranches de pain grillé.

Pelez et épépinez les litchis et garnissez les toasts avec les fruits. Saupoudrez légèrement de poudre de curry.

Servir avec de la salade.

ROULEAUX DE PRINTEMPS

Ingrédients

2 poitrines de poulet
250 g de carotte(s)
250 g de poireaux
250 g de germes de soja
1 paquet|de riz - feuilles
1 tasse de crème
|sauce soja ou sauce chili douce
|Huile (huile de tournesol)
|sel
|piment du moulin

Préparation

Coupez une poitrine de poulet en morceaux et mettez-la au congélateur. Coupez l'autre blanc de poulet en fines tranches. Coupez les légumes en très fines lamelles. Réduisez la viande congelée en purée à l'aide d'un mixeur, ajoutez une bonne dose de crème et assaisonnez de sel et de poivre (c'est ainsi que l'on obtient la farce). Mélangez les lamelles de légumes et de blanc de poulet avec la farce obtenue.

Faites tremper les feuilles de riz dans de l'eau froide. Mettez environ 2 cuillères à soupe de farce légumes-poulet sur chaque feuille de riz, puis roulez-la.

Préchauffez le four à 180° degrés.

Faites chauffer l'huile dans la poêle, faites bien frire les rouleaux des deux côtés. Puis mettez-les au four pendant quinze minutes pour qu'ils soient bien cuits.

Servir avec de la sauce chili sucrée ou de la sauce soja.

POULET DU WOK

Ingrédients

450 g|de poitrine de poulet, sans peau
3|piments, rouge, jaune et vert
|sel
2 cuillères à soupe|de sauce soja, foncée
2 cuillères à soupe|de saké
3 cuillères à café|de gingembre frais, râpé
1|oignon(s) de printemps
2 blancs d'oeufs
|amidon de maïs
|huile (huile d'arachide) pour la friture

Préparation

Coupez la viande en morceaux carrés d'environ 3 cm et 1 cm d'épaisseur. Lavez les poivrons et coupez-les en petits diamants.

Mélangez bien la sauce soja, le vin de riz et 1 cuillère à café de gingembre pour la marinade. Versez la marinade sur les morceaux de viande, couvrez et laissez reposer au réfrigérateur pendant 30 minutes.

Hachez finement l'oignon de printemps. Pour le fond de tarte, battez les blancs d'oeufs jusqu'à ce qu'ils deviennent mousseux et incorporez 2 cuillères à soupe de fécule de maïs. Incorporer le sel, l'oignon vert et 2 cuillères à café de gingembre. Tournez les morceaux de viande dans la fécule de maïs, tapotez l'excès de fécule et tirez les morceaux de viande à travers la pâte de blanc d'oeuf.

Pour la friture, faites chauffer beaucoup d'huile dans un wok. Faites-y frire la viande jusqu'à ce qu'elle soit croustillante, retirez-la et égouttez-la. Faire brièvement frire les pains de poivrons, les retirer, les égoutter sur du papier absorbant, puis les saler légèrement. Disposez les morceaux de poulet avec les pains de poivrons et servez avec du riz.

BOULETTES DE VIANDE ASIATIQUES/ JAPONAISES

Ingrédients

500 g de viande hachée, (poulet, bœuf ou porc, également moitié-moitié)
2 carotte(s) moyenne(s), en gros morceaux
4 oignons de printemps, en rondelles
125 g|Pak choi, grossièrement haché
4 cm|de gingembre, grossièrement haché
4 gousse(s) d'ail, grossièrement hachée(s)
2 oeufs, battus en neige
5 cuillères à soupe d'huile de sésame
6 cuillères à soupe de sauce soja
|Huile de colza, pour la friture

Préparation

Tout d'abord, hachez finement les carottes, les échalotes, le pak choi, le gingembre, l'ail, avec l'huile de sésame, la sauce soja et les œufs dans un robot ménager. Ajoutez ensuite la viande hachée et mélangez bien le tout. Si nécessaire, assaisonnez à nouveau avec de la sauce soja.

Faites chauffer l'huile de colza dans une grande poêle, placez des petits tas de viande hachée dans la poêle à l'aide d'une cuillère à soupe, aplatissez-les un peu et faites-les frire des deux côtés

jusqu'à ce qu'ils soient dorés (environ 4 minutes par côté).
Cela donne environ 24 boulettes de viande.

SOUPE DE CANARD ÉPICÉE

Ingrédients

400 g|de magret de canard
3|piment(s) rouge(s)
3 oignon(s) nouveau(x)
100 g de pleurotes
½ botte|de basilic (basilic thaï), ou de basilic normal
3 gousse/s d'ail
3 cuillères à soupe de sauce de poisson
1 boîte/s|de lait de coco
500 ml|de bouillon de poulet
|Huile pour la friture
2 cuillères à soupe|de sauce piquante au chili

Préparation

Coupez le magret de canard en fines lamelles. Coupez les piments en deux dans le sens de la longueur, retirez les graines si vous le souhaitez (pour le piquant), et coupez-les en fines lamelles. Couper les oignons de printemps en rondelles (y compris le vert). Nettoyer les pleurotes (ne pas les laver ! !!) et les déchirer ou les couper en lamelles. Basilic thaïlandais (ou basilic normal) coupé en fines lanières. Couper les gousses d'ail en fines lamelles. Saisissez d'abord la viande dans un peu d'huile par lots. Retirez-la de la marmite et gardez-la au chaud. Mélangez les tranches d'ail et de ciboule avec les lamelles de piment,

faites chauffer avec 3 cuillères à soupe de sauce de poisson dans la même marmite où la viande a été saisie. Ajouter les pleurotes, 2 à 3 cuillères à soupe de sauce pimentée, le lait de coco (secouer vigoureusement avant d'ouvrir), le bouillon de poulet et la viande de canard saisie. Laissez mijoter à feu moyen pendant 5 minutes, puis ajoutez les lanières de basilic (gardez-en pour la garniture) et laissez cuire encore 1 minute.
Servir garni de lanières de basilic.
J'aime accompagner ce plat d'un riz parfumé, même s'il s'agit d'une soupe, afin que ceux qui ne veulent pas que ce soit trop épicé puissent atténuer le piquant en mangeant un peu de riz de temps en temps.

SOUPE THAÏLANDAISE AU POULET ROUGE

Ingrédients

2 oignon(s)
5 champignons
3 carotte(s)
500 g de filet(s) de poulet
1 botte d'oignon(s) nouveau(x)
1 paquet de nouilles en verre
1 morceau(s) de gingembre
750 ml de bouillon de poulet
1 boîte de lait de coco
1 cuillère à café|de pâte de curry rouge
un peu|d'huile de sésame

Préparation

Hachez les oignons, les champignons et une partie des oignons verts. Coupez les carottes et le poulet en dés.

Faites revenir le tout dans un peu d'huile de sésame, salez et poivrez, ajoutez le bouillon de poulet et portez à ébullition. Ajouter le lait de coco et la pâte de curry thaï rouge. Râpez du gingembre frais selon votre goût. Ajouter les nouilles en verre dans la marmite et laisser mijoter la soupe pendant environ 10 min. Goûtez et ajoutez de l'assaisonnement si nécessaire.

Servir garni de rondelles d'oignon.

SOUPE DE NOUILLES JAPONAISE ÉPICÉE À LA VIANDE DE POULET

Ingrédients

2 cuisse(s) de poulet
1 tomate(s) de taille moyenne
1 petit(s) poivron(s)
4 champignons de taille moyenne
150 g de germes de soja
2 cuillères à soupe de petits pois
1 petit(s) piment(s)
1 morceau(s) de racine de gingembre
3 gousse/s d'ail
1 cuillère à café de sucre
2 cuillères à café de jus de citron
3 cuillères à soupe de sauce soja
3 cuillères à soupe d'huile végétale
2 cuillères à soupe|de poivre en poudre
quelques|granules d'ail
un peu de cumin
un peu de curcuma
de la coriandre
un peu de macis

un peu de|poudre de cannelle
un peu de cardamome
un peu de poivre (Szechuan)
un peu de poudre de chili
1|oignon(s) poireau(x)
100 g de nouilles (Mie-)

Préparation

Faites bouillir les pilons de poulet dans 2 l d'eau avec deux feuilles de laurier, deux gousses d'ail et cinq graines de piment de la Jamaïque pendant 30 minutes.

Pendant ce temps, coupez le poireau, la tomate, le poivron et les champignons en petits morceaux de 5 mm. Hachez finement le gingembre, le piment et une gousse d'ail. Mélangez bien toutes les épices dans un bol.

Après 30 minutes, retirez les pilons de poulet du bouillon et, une fois refroidis, retirez la viande et coupez-la en petits morceaux. Versez le bouillon dans une passoire.

Faites chauffer l'huile végétale dans une marmite et faites-y sauter les légumes finement coupés en dés, puis ajoutez les petits pois et les germes de soja. Ajoutez le gingembre, l'ail et le piment finement coupés en dés et le mélange d'épices. Déglacer avec le bouillon et bien remuer. Ajoutez maintenant le poulet, la sauce soja et les nouilles mien et assaisonnez bien avec le sucre, le jus de citron et le sel. Laissez mijoter pendant trois minutes et l'orochon est prêt.

ONIGIRAZU

Ingrédients

200 g de riz sushi, non cuit
2 feuilles de laitue iceberg
2 œuf(s)
2 feuilles de nori
1 cuillère à café de sel, bien tassée

Préparation

Tout d'abord, le riz à sushi doit être préparé de manière classique afin qu'il adhère et ne se défasse pas tout seul. Pour ce faire, mettez le riz dans une passoire fine et lavez-le sous l'eau froide jusqu'à ce que l'eau soit claire. Mettez le riz dans une casserole et ajoutez suffisamment d'eau pour qu'elle soit 1 cm plus haute que le riz dans la casserole. Mettez ensuite le couvercle et portez à ébullition. Une fois que l'eau bout, mettez le feu au plus bas et laissez le riz infuser pendant 15 minutes (laissez le couvercle en place). Après ce temps, l'eau doit être complètement absorbée par le riz. Retirez la casserole du feu et laissez-la reposer encore 10 minutes avec le couvercle.
Après cela, le riz peut être mis dans un bol pour refroidir. À ce moment-là, la cuillère à café de sel peut être incorporée (avec précaution). Laissez ensuite refroidir pendant environ 30 minutes à 1 heure.

Pendant ce temps, coupez les deux feuilles de laitue en deux. Lavez les feuilles de laitue et divisez-les en 4 portions égales. Les portions doivent être des morceaux de feuilles de 4x4 cm.

Cassez ensuite les deux œufs, fouettez-les et laissez-les frire dans une poêle à feu doux jusqu'à ce qu'ils forment une omelette ronde. Celle-ci doit également refroidir brièvement.

Pliez les sandwichs :

Placez les feuilles de nori oblongues sur du film plastique. Puis étalez le riz par-dessus. Appuyez uniformément et légèrement. Laissez 2 à 3 cm de riz libre au milieu pour pouvoir le replier. Placez 1/4 de l'omelette sur un côté, et une portion de laitue sur le dessus. Refermez le tout avec l'aide du film alimentaire. Répétez l'opération trois fois de plus. Cela donne 4 sandwichs.

Comme trempette, je recommande la sauce soja comme pour les sushis. Si vous aimez le piquant, vous pouvez aussi étaler du wasabi sur le riz avant de le plier.

Ce plat est également idéal comme déjeuner au bureau, vous pouvez l'emballer dans le film alimentaire tout de suite et l'emporter dans une boîte à lunch le lendemain.

Pour la garniture, vous pouvez être très créatif. L'omelette et la salade est une variante très simple ; le saumon frais, le thon, etc. sont également possibles. Pour une version plus douce, une garniture à base de prunes est également possible.

409 Kcal par portion.

SOUPE ASIATIQUE CAROTTE-GINGEMBRE

Ingrédients

5 grande(s) carotte(s)
3 pomme(s) de terre moyenne(s)
1 morceau(s) de racine de gingembre, environ 3 cm
1 petite échalote(s)
½|citron(s), dont le jus
2|feuilles de citron vert kaffir
500 ml|de bouillon de légumes
1 pincée de cannelle
2 cuillères à soupe de flocons de noix de coco
1 cuillère à soupe de sauce soja
1 cuillère à soupe de miel
|sel
|Flocons de piment,
|mélange d'épices (épice thaï)
2 cuillères à soupe d'huile

Préparation

Coupez les carottes et les pommes de terre en petits cubes. Coupez l'échalote en petits morceaux et faites-la suer dans une grande casserole avec un peu d'huile pendant 2-3 minutes. Ajoutez les légumes et laissez-les également suer brièvement. Coupez ou râpez le gingembre très finement et ajoutez-le aux légumes. Déglacez avec la moitié du bouillon de légumes. Ajoutez les feuilles de citron vert à la soupe et faites cuire. Couvrez et laissez mijoter pendant au moins 15 minutes. Remuez fréquemment. Ajoutez ensuite le jus de citron, le miel, la sauce soja, la cannelle, les flocons de noix de coco et le reste des épices. Assaisonnez selon votre goût. Ajoutez ensuite le reste du bouillon (un peu plus si nécessaire) et continuez à faire mijoter jusqu'à ce que les légumes soient tendres.

Retirez les feuilles de citron vert de la soupe. À l'aide d'un mixeur plongeant, réduire en purée pour obtenir une soupe crémeuse. Attention, elle ne doit pas devenir une purée de carottes. Ajouter un peu d'eau chaude ou le reste du bouillon si nécessaire. Goûtez à nouveau. La soupe doit avoir un goût un peu épicé et fruité.

SOUPE DE TOMATES EXOTIQUE

Ingrédients

½|piment(s)
400 g|Tomate(s), pelée(s), provenant éventuellement
d'une boîte de conserve
|Poivre
½ cuillère à café, bien tassée|de graines de cumin
|sel
400 ml|de lait de coco
|feuilles de coriandre

Préparation

Retirez les graines du piment et hachez-le finement. Placez-le dans une grande casserole avec les tomates et ajoutez le piment, le cumin et le sel. Portez à ébullition puis laissez mijoter pendant environ 3 minutes. Retirez du feu et laissez refroidir. Réduisez ensuite en purée à l'aide d'un mixeur et incorporez le lait de coco. Faites chauffer lentement la soupe à feu doux. Pendant ce temps, lavez la coriandre et effeuillez-la. Assaisonnez la soupe de tomates selon votre goût et servez-la garnie de coriandre.

SOUPE CHINOISE À LA TOMATE AVEC VIANDE DE POULET

Ingrédients

1 litre de tomate(s), en purée ou faite maison
3 filet(s) de poitrine de poulet
1 petit morceau(s) de gingembre, râpé(s)
4 cuillères à soupe de sauce soja
1 jus de citron pressé
300 ml de lait de coco
2 litres d'eau
4 cuillères à café|de bouillon de légumes instantané
un peu|de sucre

Préparation

Portez à ébullition une casserole contenant deux litres d'eau et 4 cuillères à café de bouillon de légumes et faites-y cuire les blancs de poulet pendant environ 15 minutes.

Pendant ce temps, versez les tomates égouttées dans une autre casserole et mettez la cuisinière à feu doux, râpez le gingembre frais et ajoutez-le. Il est préférable de retirer la peau du gingembre à l'aide d'une cuillère à café, afin de ne pas endommager la pulpe. Ajoutez ensuite la sauce soja et le jus de citron pressé et remuez.

Pour que la soupe soit aussi douce que celle des Chinois, ajoutez maintenant le sucre et assaisonnez selon votre goût. Selon votre goût, la soupe peut être assaisonnée plus ou moins sucrée.

Retirez maintenant la viande de poulet du bouillon et plumez-la en petits morceaux. Cela se fait mieux avec deux fourchettes. Ajoutez la viande de poulet plumée à la soupe.

Enfin, ajoutez le lait de coco à la soupe. Là encore, vous pouvez utiliser plus ou moins de lait de coco selon vos besoins. Laissez mijoter la soupe à la tomate pendant environ 10 minutes, en remuant de temps en temps.

SOUPE PHO

Ingrédients

200 g de filet(s) de bœuf
200 g de nouilles de riz (nouilles en ruban)
1 morceau(s) de cerf, d'environ 2 cm
1 oignon(s)
1 cuillère à café de cannelle
5 girofle(s)
1 ½|graines de cardamome
1.3|anis étoilé
0,2|graines de coriandre, facultatif
1,2 litre|de bouillon de boeuf
2|oignon(s) de printemps
quelques tiges de coriandre
1 poignée|de germes de haricots mungo, frais
½|lime(s), leur jus
2 cuillères à soupe de sauce soja
1 cuillère à soupe|de sauce de poisson
|Huile pour la friture

Préparation

Congelez le filet de bœuf pendant environ 30 minutes, il est plus facile d'en couper de fines tranches par la suite lorsqu'il est congelé. Faites tremper les nouilles de riz dans une grande quantité d'eau froide pendant environ 20 minutes, puis égouttez-les.

Pendant ce temps, pelez et râpez ou hachez grossièrement le gingembre, épluchez et coupez l'oignon en quatre. Faire sauter les deux dans l'huile à feu moyen pendant 2 minutes, ajouter la cannelle et toutes les épices, déglacer avec le bouillon de bœuf et laisser mijoter pendant environ 30 minutes.

Pendant ce temps, rincez les germes de haricot mungo, les oignons verts et la coriandre sous l'eau. Coupez l'oignon de printemps en fines rondelles, hachez la coriandre. Mélangez le tout et répartissez dans les bols à soupe.

Coupez le filet de bœuf congelé en très fines lamelles.

Versez le bouillon à travers un tamis fin dans une autre casserole. Assaisonnez avec le jus de citron vert (dosez avec précaution, il deviendra vite acide), la sauce soja et la sauce de poisson et portez à ébullition.

Faites cuire les lanières de filet de bœuf dans le bouillon pendant 1 minute, retirez-les et répartissez-les dans les bols à soupe.

Ajoutez maintenant les nouilles de riz dans le bouillon chaud et faites-les cuire dans les bols pendant 2 minutes.

Conseil : si vous voulez encore déguster la soupe le lendemain, arrêtez après l'ébullition avec le jus de citron vert, la sauce soja et la sauce de poisson et laissez les ingrédients suivants séparément jusqu'à ce qu'ils soient prêts : le bouillon fini, les nouilles de riz en ruban trempées et égouttées et les ingrédients frais (coriandre, oignons verts et germes de haricot mungo, lanières de filet de bœuf crues).

POTIRON AU SIROP DE SOJA

Ingrédients

250 g de chair de potiron
120 g de sucre
5 cm|de racine de gingembre, râpée
6 cuillères à soupe de sauce soja
6 cuillères à soupe|d'eau
|Poivre noir
|sésame, grillé
quelques|cervives ou feuilles d'ail

Préparation

Coupez la chair du potiron en dés d'environ 2 cm et faites-la tremper dans de l'eau bouillante pendant 2 à 3 minutes.

Dans une casserole, faites chauffer le sucre avec l'eau, la sauce soja, le poivre noir et le gingembre jusqu'à ce que le sucre soit dissous. Si vous aimez que ce soit plus épicé, vous pouvez également utiliser des flocons de piment. Ajoutez les cubes de potiron égouttés, remuez et laissez mijoter à feu doux et juste à couvert pendant quinze minutes. Vérifiez régulièrement et remuez. Le potiron sera mou et glacé d'un épais sirop de soja.

Servez dans de petits bols. Saupoudrez de graines de sésame grillées et garnissez de quelques tiges de ciboulette ou de feuilles d'ail.

BROCHETTES DE LANGOUSTINES AVEC POIS GOURMANDS ET MAYONNAISE AU CITRON VERT ET À LA NOIX DE COCO

Ingrédients

150 ml de crème de noix de coco
4 traits de Tabasco
2 cuillères à soupe de sauce soja
1 gousse d'ail, coupée en dés
3 cuillères à soupe de jus de citron vert
3 paquets de scampi
2 paquets de pois cassés au sucre
|mayonnaise
50 ml de lait de coco
1|piment(s) vert(s), finement haché(s)
4 cuillères à soupe de jus de chaux
|menthe, quelques feuilles, finement hachées

Préparation

Mélangez la crème de coco, le Tabasco, la sauce soja, l'ail et le jus de citron vert pour obtenir une marinade. Faites-y mariner les scampi pendant au moins 1 heure, puis rincez-les et séchez-les.

Blanchir les pois sugar snap pendant environ 1 à 2 minutes et les rincer à l'eau glacée. Faites cuire les scampi dans de l'eau salée pendant 4-5 minutes à feu doux et rafraîchissez-les avec de l'eau glacée. Embrocher les scampis avec les pois mange-tout (tête, puis une extrémité du pois mange-tout, puis la queue, puis l'autre extrémité du pois mange-tout).

Mélangez la mayonnaise avec le lait de coco et le jus de citron vert. Ajoutez le piment haché et la menthe finement hachée. Servez les brochettes avec la mayonnaise.

SOUPE AU CURRY VERT

Ingrédients

5 tranche(s) de filet(s) de poulet
|Huile neutre
5 boîtes de lait de coco
500 ml|d'eau
1 cube de bouillon de poulet
1 morceau(s) de sucre de palme
3 tiges d'herbe à citron
5 tranche(s) de|galgant
5|feuilles de citron vert kaffir
2 cuillères à soupe de sauce de poisson (Nouc Mam)
2 petit(s) piment(s) (thaïlandais)
2 cuillères à soupe|de pâte de curry, verte
1 paquet|d'aubergine(s) (thaï), verte(s), ronde(s)
6 champignons
1 paquet de petits pois (thaïlandais), à volonté
3 cuillères à soupe|de jus de citron vert
1 botte de feuilles de coriandre

Préparation

Coupez les filets de poulet en dés et faites-les frire dans une huile légère neutre (par exemple, de l'huile de carthame). Ajoutez le lait de coco, l'eau, le sucre de palme et le cube de bouillon. Coupez la citronnelle en quatre et ajoutez-la avec le galanga et les feuilles de kaffir (déchirées sur les côtés).

Immédiatement après, ajoutez la sauce de poisson et les piments (finement hachés = piquants, sécables = moyens). Laisser mijoter doucement. Ajouter la pâte de curry vert.

Coupez les aubergines en quatre (ou prenez des aubergines ordinaires et coupez-les en dés), coupez les champignons en quatre et retirez les tiges des pois, ajoutez-les et portez à ébullition. Ajouter le jus de citron ou de lime.

Hacher finement la coriandre et la mélanger à la soupe qui ne bout plus.

Servir avec du riz au jasmin comme plat principal. Servir sans garniture comme hors-d'œuvre.

LES SUSHIS NE SONT PAS UNE SOLUTION NON PLUS

Ingrédients

2 tasses de riz (riz à sushi)
200 g|de filet(s) de boeuf (blackangus)
au goût|pâte de wasabi
2 grosse(s) carotte(s)
au goût|feuilles de nori
|huile (huile de sésame), légère
au goût|sucre en poudre

Préparation

Placez le riz à sushi dans une casserole avec environ trois tasses d'eau, chauffez lentement et laissez gonfler. Laissez ensuite le riz refroidir.

Coupez 6 tranches semblables à des carpaccios dans le filet de bœuf, et coupez le reste en bâtonnets carrés. Les bords doivent mesurer 0,5 cm chacun. Faites frire les bâtonnets de filet dans l'huile très chaude d'un côté (environ 30 secondes), retournez-les une fois et faites frire le deuxième côté pendant 15 secondes supplémentaires. Retirez-les immédiatement de la poêle et mettez-les de côté sur une assiette chaude. À l'aide d'un économe, coupez une carotte en fines tranches et blanchissez-la brièvement. Couper la deuxième carotte en bâtonnets également et la caraméliser légèrement dans une poêle avec un peu de sucre en poudre si nécessaire.

Maki : humidifier légèrement les feuilles de nori, les placer sur une natte de bambou, les tartiner finement de wasabi et répartir le riz pas trop épais sur le dessus (laisser un peu libre sur le bord de chaque feuille). Placer deux bâtonnets de filet (saler un peu) et deux bâtonnets de carotte de manière à former un motif carré. Roulez ensuite avec la natte de bambou et pressez jusqu'à obtenir une forme carrée. Placez ensuite au réfrigérateur. Couper en tranches d'environ 1,5 cm d'épaisseur avant de servir.

Nigiri : Placez le riz dans une main creuse et pressez pour obtenir une forme d'œuf. Enduire finement de wasabi les lamelles de carottes blanchies et les tranches de filet et les presser sur les œufs de riz (l'un avec la carotte et l'autre avec la viande).

Ce plat est traditionnellement servi avec de la sauce soja et du gingembre mariné.

BROCHETTES DE SATÉ AVEC TREMPETTE AUX CACAHUÈTES

Ingrédients

500 g de filet(s) de porc
1 boîte d'ananas en morceaux (580 ml)
1 boîte de marrons, (châtaignes d'eau, 425 ml)
2 poivre(s) rouge(s)
3 cuillères à soupe de crème de cacahuètes, en morceaux
60 ml|de sauce soja
1 cuillère à soupe de jus de citron
2 cuillères à café de sucre
1 petit|piment(s) rouge(s), finement haché(s)
1|gousse(s) d'ail, pelée(s)

Préparation

Coupez la viande en 24 morceaux de taille égale. Bien égoutter les morceaux d'ananas et les châtaignes d'eau. Nettoyer, laver et couper les poivrons en 8 morceaux chacun. Préchauffez le gril.

Alterner la viande, les morceaux d'ananas, les châtaignes d'eau et les poivrons sur 8 brochettes. Faire revenir sous le gril pendant environ 15 minutes jusqu'à ce que la viande soit bien cuite.

Pendant ce temps, mélangez tous les ingrédients de la trempette aux cacahuètes dans un robot culinaire ou réduisez-les en purée à l'aide d'un mixeur manuel pour obtenir une sauce épaisse.

Servez avec les brochettes de saté,

Conseil :
Remplacez les châtaignes d'eau par des oignons
ou des oignons verts grillés.

POSOT CHOJANG

Ingrédients

175 g|champignons, gros, blancs
7 cuillères à soupe de sauce soja
2 cuillères à soupe de vinaigre (vinaigre de riz)
1 morceau(s)|de gingembre frais, d'environ
1 cm, finement râpé(s)
2 cuillères à café de sésame
½ cuillère à café|de poudre de chili, coréen
1 pincée(s)|sucre

Préparation

Chauffez une petite poêle épaisse à feu moyen et ajoutez
2 cuillères à café de graines de sésame. Faites-les griller,
en remuant constamment, jusqu'à ce qu'elles soient
foncées et dégagent un parfum de noix. Écrasez ensuite
les graines dans un mortier avec un peu de sel.

Placez la sauce soja dans un petit bol avec le vinaigre
de riz. Ajoutez le gingembre, la poudre de chili
et les graines de sésame et remuez.
Conseil : si vous n'avez pas de poudre de piment coréen
originale à la maison, mélangez simplement de la
poudre de paprika avec du poivre de Cayenne.

Coupez les têtes et les tiges des champignons en tranches
d'environ 5 mm d'épaisseur et placez-les au milieu d'une feuille
d'aluminium de 50 cm x 30 cm. Repliez d'abord les côtés longs,
puis les côtés étroits par-dessus pour former un paquet serré.

Préchauffez ensuite le gril du four ou allumez le gril à charbon de bois (si vous êtes dans le jardin en train de faire un barbecue). Faites cuire le paquet de champignons pendant environ 5 à 7 minutes. Pour le gril à charbon de bois, il doit être à environ 10 pouces au-dessus des braises.

Servez les champignons immédiatement et ajoutez le dip au vinaigre ou un autre selon votre goût.

LON TAU TSCHIEJAU

Ingrédients

100 g de haricots jaunes fermentés (Tau Tschiejau) en bocal
250 ml|de lait de coco
150 g|de porc, haché
15|piment(s) long(s) (prik chee fah), jaune, vert, rouge
4 cuillères à soupe d'échalote(s) (thaï)
2 ½ cuillères à soupe|de sucre (sucre de
coco - Nam Than Maparu)
1 cuillère à soupe|de jus (tamarin ou jus de citron vert)
1 cuillère à café de sel
5 cuillères à soupe|d'oignon(s) printanier(s), haché(s)
au goût|légumes au choix (par exemple concombre, haricots
verts, chou blanc, chou chinois) pour le trempage.

Préparation

Coupez le concombre, les haricots ailés ou d'autres légumes
crus au choix en morceaux décoratifs et mettez-les de côté.

Bien rincer les haricots jaunes et les réduire en purée dans un
mortier ou avec un mixeur manuel. Certains l'aiment encore un
peu grossièrement, je le trouve plus savoureux en purée fine.

Couper les piments en rondelles, hacher les
échalotes. Préparer tous les ingrédients.

Ajouter le porc haché au lait de coco et porter à
frémissement lent. Ajouter la pâte de haricots jaunes et
laisser le tout mijoter pendant environ 5 minutes jusqu'à
ce que la viande soit cuite. Incorporer le sucre, le sel et le

jus de tamarin, puis ajouter les échalotes et les piments et assaisonner avec le jus de tamarin et le sucre.

Retirez du feu, versez dans un bol et saupoudrez avec les échalotes hachées. Servir avec les légumes.

Cette trempette est destinée à être consommée en collation ou dans le cadre d'un menu thaïlandais.

TOM YAM PLAH

Ingrédients

500 ml|de bouillon de poulet
150 g de filet(s) de poisson, à chair ferme,
éventuellement du poisson-chat
1 tige d'herbe à citron
1 morceau(s) de Galant, environ 5 cm
4|feuilles de citron vert kaffir
3 piment(s), éventuellement moins ou plus
8|tomate(s) cerise(s)
6|champignons, pas trop gros
1 cuillère à soupe|de sauce de poisson, plus si nécessaire
2 cuillères à soupe de jus de citron vert
1 cuillère à café de sucre de palme ou de sucre roux
1 cuillère à café|de pâte de piment, grillée (Nam Prik Pao)
3 tiges de coriandre verte

Préparation

Coupez la citronnelle en morceaux d'environ 3 cm de
long, pelez et émincez le galanga, déchirez les feuilles
de citron vert kaffir. Epépinez les piments si nécessaire
et coupez-les en morceaux d'environ 1 cm de long.

Couper les champignons en deux, couper
le filet de poisson en cubes.

Faire chauffer le bouillon de poulet. Si vous n'avez pas de
bouillon maison, utilisez le bouillon en poudre pour soupe de
poulet du magasin Asia. Ajouter la citronnelle, le galanga et

les feuilles de citron vert kaffir au bouillon et laisser mijoter pendant 5 à 10 minutes. Assaisonner au goût avec la sauce de poisson, le jus de citron vert, la pâte de piment et le sucre. Ajouter les piments, les tomates cerises et les champignons. Portez à nouveau à ébullition. Ajouter maintenant les cubes de poisson à la soupe et laisser mijoter un court instant.

Servez dans des bols à soupe, parsemez de feuilles de coriandre finement hachées et accompagnez de riz parfumé thaïlandais.

Cette soupe est très faible en calories et est merveilleuse comme repas léger ou avec un curry et d'autres plats comme un dîner thaïlandais. La quantité est alors suffisante pour 3 - 4 personnes.

SOUPE ASIATIQUE AUX ASPERGES

Ingrédients

500 g d'asperges
1 pincée(s) de sucre
100 g|gousse(s) de sucre
30 g de racine de gingembre
2 tige(s) d'herbe à citron
1|piment(s) rouge(s)
2 cuillères à soupe de sauce soja
1 cuillère à café d'huile de sésame
12|crevettes, 25 g chacune, crues, déveinées
|Feuilles de coriandre

Préparation

Peler les asperges et couper les extrémités. Faites bouillir les extrémités et l'épluchure avec 1,2 litre d'eau, du sel et du sucre. Laissez infuser pendant 30 minutes. Couper les asperges en morceaux de 4 cm de long. Nettoyer les pois mange-tout et les faire cuire pendant 2 min. dans de l'eau bouillante salée, les rincer et les égoutter. Peler et couper le gingembre en petits dés. Couper la citronnelle en morceaux. Couper le piment en deux dans le sens de la longueur et retirer les graines. Verser l'eau des asperges à travers un tamis dans une autre casserole. Ajouter le gingembre, le piment et la citronnelle et faire bouillir jusqu'à 1 litre. Ajouter les morceaux d'asperges et laisser cuire pendant 5 minutes. Assaisonner la soupe avec la sauce soja et l'huile de sésame. Faites cuire les crevettes dans de l'eau bouillante salée pendant 1 min. Les retirer et les laisser tremper dans la soupe avec les pois gourmands pendant 3 minutes. Assaisonner avec du sel et servir avec 1 cuillère à soupe de feuilles de coriandre grossièrement hachées.

SOUPE À LA CITRONNELLE ET À LA NOIX DE COCO

Ingrédients

1 oignon(s)
1 gousse/s d'ail
2 tiges de citronnelle
30 g de gingembre (ou de gingembre)
1 piment(s) rouge(s)
150 g|batate(s), (patate douce)
2 cuillères à soupe d'huile, (huile d'arachide)
4|feuilles de kaffir lime
1 litre|de bouillon de volaille
200 g|de filet(s) de poitrine de poulet
100 g de champignons, (champignons shiitake)
1 boîte de lait de coco, non sucré (400 ml)
80 g|gousse(s) de sucre
6 cuillères à soupe de jus de citron vert
2 cuillères à soupe de sauce de poisson
½ botte|de feuilles de coriandre

Préparation

Pelez et coupez l'oignon en petits dés. Peler et hacher finement l'ail. Retirez les feuilles extérieures dures de la citronnelle et coupez l'intérieur tendre en fines rondelles. Pelez le galanga et coupez-le en fines lamelles. Coupez le piment avec ses graines en fines rondelles. Épluchez et rincez les patates douces, coupez-les en deux dans le sens de la longueur et en tranches transversales de 2 à 3 mm d'épaisseur. Faire chauffer l'huile d'arachide dans une casserole et faire revenir l'oignon et l'ail jusqu'à ce qu'ils soient translucides. Ajouter la citronnelle, le galanga, le piment et les feuilles de citron vert kaffir et faire sauter pendant 1 à 2 minutes. Ajouter le bouillon de poulet et les patates douces et laisser mijoter pendant encore 10 minutes à feu moyen.

Rincer la viande, l'éponger et la couper en tranches transversales d'environ 5 mm d'épaisseur. Nettoyer les champignons shiitake, enlever les tiges et trancher finement les têtes de champignons.

Incorporer le lait de coco dans la soupe et porter brièvement à ébullition. Ajouter la viande et les champignons à la soupe et laisser mijoter pendant encore 5 minutes. Nettoyer les pois mange-tout, les rincer, les couper en fines lanières, les ajouter à la soupe et porter brièvement à ébullition. Assaisonner la soupe avec le jus de citron vert et la sauce de poisson. Servir dans des bols à soupe parsemés de feuilles de coriandre cueillies.

SOUPE DE POULET AU CURRY

Ingrédients

2 filet(s) de poitrine de poulet
3 échalotes
1 piment(s) rouge(s)
1 chaux
250 g|d'épinards en feuilles
400 ml de lait de coco
2 cuillères à soupe de curry
500 ml|de bouillon de poulet
|sel

Préparation

Coupez la viande de poulet en petits cubes, ajoutez
un peu de sel. Hacher finement les échalotes et le
piment. Laver le citron vert et râper son zeste. Nettoyer
les épinards et les râper grossièrement.
Faites chauffer la moitié du lait de coco dans une
casserole. Ajouter les échalotes, le piment, le zeste de
citron vert et le curry et faire chauffer en remuant.
Ajouter la viande et compléter avec le bouillon et le reste
du lait de coco. Laissez mijoter pendant 5-6 min.
Ajoutez ensuite les épinards et faites-les cuire pendant
quelques minutes jusqu'à ce qu'ils soient tendres.
Ajouter un peu plus de sel si nécessaire.

TOM YAM GOONG

Ingrédients

750 ml|d'eau ou de bouillon de poulet
300 g de crevettes
6 gousse(s) d'ail
6 échalote(s)
2 tiges d'herbe à citron
1 morceau(s) d'algues
200 g de champignons de Paris ou de
petits champignons de Paris
2 tomate(s)
20 petit(s) piment(s) vert(s)
45 ml|de sauce de poisson
5|feuilles (feuilles de citron vert kaffir)
30 ml|de jus de citron vert
10 g|de feuilles de coriandre, hachées

Préparation

Coupez la tête des crevettes et pelez-les, mais sans la
dernière carapace de la queue. Coupez dans le sens de
la longueur jusqu'à la carapace de la queue, sur la ligne
du boyau. C'est ce qu'on appelle une coupe papillon.
Retirez le boyau foncé et lavez les crevettes.

Faites bouillir les têtes et les carapaces des crevettes dans
l'eau ou le bouillon de volaille. Retirez les carapaces et
continuez à faire mijoter le bouillon de crevettes.

Pelez et écrasez l'ail. Coupez les échalotes en fines

lamelles. Coupez le tiers inférieur mou de la citronnelle en tranches diagonales de 2 cm d'épaisseur. Pelez le galanga et coupez-le en 10 tranches fines.

Ajoutez l'ail, les échalotes, la citronnelle et le galanga au bouillon et laissez mijoter. Coupez les champignons en deux dans le sens de la longueur, coupez les tomates en huitièmes et ajoutez-les également au bouillon. Portez à nouveau le bouillon à ébullition.

Coupez les piments en deux dans le sens de la longueur et retirez les graines. Déchirez les feuilles de citron kaffir en morceaux sans la tige et ajoutez-les au bouillon avec la sauce de poisson. Continuez à faire mijoter pendant 2 minutes.

Ajoutez les crevettes et faites-les cuire pendant 1 min. Elles vont prendre la forme typique d'un papillon. Éteignez le feu et incorporez le jus de citron vert. Servez en saupoudrant de coriandre hachée.

BROCHETTES DE SATAY MARINÉES AU PORC

Ingrédients

500 g|de filet(s) de porc
2 cuillères à café de sucre
2 petit(s) oignon(s)
1 ½ cuillère à soupe|de poudre de curry, doux
½ cuillère à café|de curcuma
1 cuillère à café|de sel
½ cuillère à café|de poivre blanc moulu
2 cuillères à soupe d'huile
250 g|de lait de coco, de la boîte, non secoué

Préparation

Coupez la viande dans le sens du grain en fines lamelles et mélangez-la dans un bol avec le sucre.
Pelez les oignons et hachez-les un peu. Mettez-les dans un mixeur avec le curry, le curcuma, le sel, le poivre et l'huile. Ajoutez 3 cuillères à soupe de la partie supérieure épaisse du lait de coco et réduisez le tout en purée fine. Mélangez délicatement la pâte à la viande et laissez-la mariner pendant environ une heure.

Retirez ensuite la viande, brossez la pâte et mettez la viande sur les brochettes en forme de vague. Faites frire les brochettes par lots dans une poêle antiadhésive pendant environ 2 minutes de chaque côté et gardez-les au chaud dans le four à 80 degrés jusqu'à ce qu'elles soient toutes frites.

Servez les brochettes sur de la crème de cacahuète.

SOUPE DE BIHUN

Ingrédients

900 ml|de bouillon de poulet
40 g|de nouilles en verre
20 g|de champignons Mu-Err
2 oignon(s) printanier(s)
1 petit(s) poivron(s) rouge(s)
1 petite carotte
30 g de germes de soja
150 g|de poulet, cuit
1 cuillère à café de sambal oelek
3 cuillères à soupe de sauce soja
1 cuillère à café d'huile de sésame
1 cuillère à soupe de vinaigre de riz
1 trait de sauce Worcester
3 cuillères à soupe d'huile de colza

Préparation

Versez de l'eau bouillante sur les nouilles de verre et laissez-les tremper. Il est préférable de les préparer en suivant les indications du paquet. Faites également tremper les champignons de Paris.
Faites chauffer le bouillon de poulet.

Lavez et nettoyez les oignons de printemps, les poivrons et les carottes et coupez-les en fines lamelles. Faites-les sauter brièvement dans de l'huile de canola à feu moyen et ajoutez-les au bouillon de poulet.

Rincez les champignons et cassez-les un peu. Égoutter les nouilles de verre et les couper également en longueurs agréables. Ajoutez-les au bouillon. Laissez maintenant la soupe mijoter à feu moyen pendant environ 10 minutes.

Juste avant la fin du temps de cuisson, ajoutez les germes de soja et le poulet haché déjà cuit. Assaisonnez la soupe avec le sambal oelek, la sauce soja, le vinaigre de vin de riz et la sauce Worcester.

Pour la décoration, placez quelques rouleaux d'oignons nouveaux sur la soupe dans un bol à soupe.

SOUPE DE POISSON CHINOISE

Ingrédients

600 g|Filet(s) de poisson blanc(s), par ex. lieu jaune, surgelé(s)
250 g|Filet de thon, congelé
250 g|Crevettes géantes, surgelées
1 botte d'oignon(s) printanier(s)
1 boîte d'ananas, environ 8 à 10 tranches,
selon le goût et la taille de l'animal
5|champignons bruns, petits
1 200 ml|de bouillon de poisson
400 ml|de bouillon de poulet, léger
1 verre|de vin blanc sec
1|piment(s) rouge(s)
1 cuillère à café|d'huile végétale, par exemple de colza
3 tomate(s)
1 bocal|de germes de haricots mungo, environ
175 g poids égoutté
3 cuillères à soupe|de vinaigre balsamique blanc
1 cuillère à café|de Sambal Oelek
|sel

Préparation

Décongelez le poisson et les crevettes royales pendant
un temps suffisant. Coupez ensuite le poisson en cubes
et les crevettes en deux dans le sens de la longueur.

Egouttez l'ananas, en réservant le jus, et coupez les anneaux en petits morceaux. Lavez les tomates, retirez les pédoncules, épépinez-les et coupez-les en cubes. Nettoyez les champignons, coupez le morceau inférieur de la tige et émincez-les finement. Passez les haricots mungo au tamis, rincez-les et égouttez-les. Lavez le piment rouge, coupez-le en deux dans le sens de la longueur, retirez les graines et coupez-le en fines lamelles. Nettoyer et laver les oignons verts et couper les blancs en fines rondelles. Mettez de côté les belles parties vertes.

Faites chauffer l'huile dans une marmite à soupe et faites-y revenir légèrement les rondelles blanches des échalotes à feu doux. Déglacez avec le vin blanc et faites-le réduire à environ 1/4 de son volume. Ajoutez le fumet de poisson et le bouillon de poulet ainsi que le piment haché, portez à ébullition et laissez mijoter doucement, à couvert, pendant environ 5 minutes. Pendant ce temps, coupez le vert des échalotes en diagonale en fines rondelles.

Ajoutez ensuite l'ananas, les haricots mungo et les champignons à la soupe, salez bien, ajoutez environ la moitié du jus d'ananas recueilli et 2 cuillères à soupe de vinaigre. Une fois l'ébullition atteinte, mettez le feu au plus bas, ajoutez le poisson et les crevettes à la soupe et laissez-la mijoter pendant 10 minutes avec le couvercle fermé.

Enfin, ajoutez les tomates en dés et les rondelles d'oignon vert à la soupe et assaisonnez avec du sambal oelek, 1 cuillère à soupe de vinaigre si vous le souhaitez, du sel et un peu plus de jus d'ananas. J'utilise environ les 3/4 du jus recueilli. Chauffez un peu plus si nécessaire, mais ne portez surtout pas à ébullition ou à mijotage.

LES FOURMIS GRIMPENT DANS L'ARBRE

Ingrédients

100 g|de nouilles en verre
250 g de bœuf haché
2 oignon(s) de printemps
2 cuillères à soupe|de haricots noirs salés
2 cuillères à soupe|de sauce soja
2 cuillères à soupe|de sherry
½ cuillère à café|d'huile de sésame foncé
1 cuillère à soupe|de fécule de maïs (ou de pomme de terre)
¼ cuillère à café|de sucre
2 cuillères à soupe|d'huile (huile de soja)

Préparation

Mettez les nouilles de verre dans l'eau bouillante,
puis laissez-les reposer pendant 30 minutes.

Mélangez le bœuf haché avec la sauce soja, le sherry, l'huile de
sésame et l'amidon et laissez reposer pendant 20 minutes.
Coupez l'oignon de printemps en petits morceaux
(laissez un peu de vert pour la garniture plus tard).
pour la garniture).

Égoutter les nouilles de verre, les rincer à l'eau froide,
bien les égoutter, les couper avec des ciseaux en

morceaux d'environ 7 cm de long, les disposer sur
un plat préchauffé et les garder au chaud.

Faites chauffer l'huile de soja.
Faire sauter les oignons verts et la viande
('arbre') jusqu'à ce qu'ils soient chauds.
Ajouter les haricots ('fourmis') et le sucre, remuer
une fois, puis assaisonner et disposer en une
large bande sur les nouilles de verre.

Parsemer de feuilles d'oignon et servir immédiatement.

ESCALOPES DE POULET ÉPICÉES DE LA MIJOTEUSE

Ingrédients

1,2 kg|de poitrines de poulet sans peau et
sans os, en dés pas trop petits
1 oignon(s), coupé(s) en dés
2 gousse(s) d'ail, pelée(s) et finement
coupée(s) en dés ou hachée(s)
125 ml|de sauce chili
125 ml|confiture, framboise-
1 cuillère à soupe de sauce Worcestershire
1 cuillère à soupe|de vinaigre balsamique
1 cuillère à soupe de sauce soja

Préparation

Dans un bol, mélangez tous les ingrédients, sauf la viande, jusqu'à ce qu'ils soient bien mélangés et versez-les sur la viande placée dans la mijoteuse. Remuez une fois pour que toute la viande soit enrobée de sauce.

Faites cuire à feu doux pendant 3 heures et remuez avant de servir.

La quantité indiquée est destinée à un apéritif pour 12 personnes - mais elle est également excellente comme plat principal avec du riz pour 6 personnes.

CHAR SIU BAO (PETITS PAINS BLANCS)

Ingrédients

500 g de farine
80 g de sucre
¼ litre de lait
1 cuillère à soupe d'huile
2 cuillères à soupe|de vinaigre blanc distillé
500 g de porc
1 cuillère à café de sauce soja
2 gros oignon(s)
1 cuillère à soupe de sauce aux huîtres
2 cuillères à soupe de sauce (sauce hoisin)
3 cuillères à café de sucre ou de miel
|sel
1 paquet de levure chimique

Préparation

Pour la pâte : mélangez la farine et la levure chimique dans un bol. Faites chauffer lentement le lait avec 80 g de sucre et un filet d'huile jusqu'à ce que le sucre se dissolve. Ajoutez le mélange et une cuillère à soupe de vinaigre blanc à la farine tout en remuant et pétrissez bien. Laissez reposer pendant 1 heure.

Pour la farce : couper le porc en très petits cubes. Mélangez avec 1 cuillère à café de sauce soja, 1 cuillère à soupe de sauce huître, 2 cuillères à soupe de sauce hoisin, 3 cuillères à café de sucre ou de miel et une pincée de sel. Hacher très finement les oignons et les faire revenir dans une casserole jusqu'à ce qu'ils soient translucides. Ajoutez brièvement la viande et faites-la revenir. Ne pas faire frire ! Laissez la garniture refroidir un peu.

Découpez le papier sulfurisé en morceaux d'environ 4 x 4 cm. Séparez la pâte en 16 morceaux égaux et façonnez chaque morceau de pâte en une boule. Roulez la boule à plat et déposez environ 1 à 2 cuillères à soupe de garniture sur le dessus. Répartissez-la aussi équitablement que possible. Formez une poche avec la pâte et fermez-la sur le dessus. Faites en sorte qu'il y ait 16 boules de pâte rondes avec la garniture à la viande.

Placez chaque boule sur un morceau de papier sulfurisé. Placez-les sous un cuiseur vapeur en bambou ou similaire. Portez l'eau à ébullition. Lorsqu'elle bout, ajoutez une cuillère à soupe de vinaigre blanc. Placez ensuite les Char Siu Bao dans la couche supérieure du panier du cuiseur vapeur avec le papier sulfurisé comme base et fermez le couvercle. Laissez cuire à la vapeur pendant 10 minutes. Puis soulevez brièvement le couvercle. Laissez cuire à la vapeur pendant 10 minutes supplémentaires. Retirez maintenant le Char Siu Bao du panier vapeur et laissez-le refroidir un peu.

Il est délicieux à l'apéritif, seul, mais aussi avec des nouilles sautées ou d'autres plats chinois. Au lieu d'un panier à vapeur, vous pouvez utiliser un réchaud à riz avec un insert pour cuire à la vapeur ou une casserole ordinaire avec un insert pour cuire à la vapeur.

BOULETTES À LA VAPEUR

Ingrédients

400 g de viande hachée, mélangée
15 crevettes
1 feuille de citron vert kaffir
1 paquet|de feuilles de Wan Tan
1 oeuf(s)
1 morceau(s)|racine de gingembre
à volonté|sauce de poisson
1|gousse(s) d'ail
|sel et poivre
au goût|pâte de chili, grillée
au goût|jam (confiture de piment)
2 oignon(s) printanier(s)
au goût|sauce soja

Préparation

Mettez le gingembre frais ainsi que l'ail dans un mortier et pilez-les pour obtenir une pâte fine. La quantité peut varier selon les goûts personnels. Si vous n'avez pas de mortier, vous pouvez aussi couper les ingrédients en petits cubes avec un couteau de cuisine.

Mélangez la viande hachée avec le gingembre et l'ail, puis assaisonnez avec la sauce de poisson, la pâte de chili, la confiture de chili, la sauce soja, le sel et le poivre. Plus vous en utilisez, plus la garniture sera épicée.

Retirez la tête, la queue, la carapace et les intestins des crevettes. La meilleure façon d'enlever les intestins est de planter un cure-dent dans le haut de la crevette décortiquée et de l'utiliser pour retirer lentement les intestins fins. Hachez ensuite les crevettes très finement et mélangez-les avec un peu de sel et la feuille de citron vert kaffir coupée en fines lanières.

Battez l'œuf dans un petit bol avec une fourchette et badigeon-nez-en un côté de chaque feuille de wan tan. Placez un peu du mélange de viande hachée au centre de la pâte et ajoutez autant de mélange de crevettes par-dessus. Vous pouvez aussi, bien sûr, étaler le poisson et la viande séparément sur les feuilles.

Lorsque tout le mélange est étalé sur la pâte, prenez la feuille dans votre main et pressez la pâte de manière à ce que la boulette soit complètement fermée sur le dessus, ou laissez une ouverture pour que les couches soient visibles. Enfin, entourez les poches de fines lamelles d'oignons verts.

Lors de la cuisson à la vapeur, il est important que les boulettes n'entrent à aucun moment en contact avec de l'eau, mais qu'elles soient cuites exclusivement à la vapeur. C'est pourquoi une marmite normale ne convient pas à la préparation, à moins qu'elle ne comporte un insert spécial pour la cuisson à la vapeur. Si vous souhaitez utiliser un cuiseur vapeur classique comme en Chine, je vous recommande ce panier vapeur traditionnel en bambou. Les paniers à vapeur peuvent être utilisés aussi bien pour la cuisson à la vapeur que pour le service.

Il est préférable de recouvrir le panier à vapeur de papier sulfurisé afin que les boulettes ne collent pas à la grille en bambou. Placez le panier sur une casserole d'eau bouillante appropriée et faites cuire les boulettes à la vapeur pendant environ 15 minutes. Grâce à la préparation douce à 100 °C, les boulettes sont particulièrement savoureuses.

Conseil : servez les boulettes terminées immédiatement

après la cuisson, car elles sèchent rapidement à l'air libre.

MOMOS DU NÉPAL

Ingrédients

500 g de porc haché
4 oignons de printemps, finement hachés, les oignons
thaïlandais sont également les bienvenus.
1 petite boîte de marrons (châtaignes d'eau), finement
coupés en dés
1 botte|de coriandre fraîche, hachée
3 cuillères à soupe de sauce soja, légère
1 cuillère à café|de poivre blanc, moulu
1 cuillère à soupe d'huile de sésame
48|pâte - wrappers, petits, ronds ou carrés du magasin asiatique
au goût|eau
à goûter|chou chinois pour la cuisson à la
vapeur ou papier sulfurisé
au goût|Huile de sésame pour l'enrobage
au goût|sauce soja, légère, pour le trempage
si désiré|graisse pour la friture

Préparation

Pétrissez le porc haché, les oignons de printemps, les
châtaignes d'eau, la coriandre, la sauce soja, le poivre et
l'huile de sésame pour obtenir une pâte lisse. Placez une
partie de la garniture au centre de chaque coquille de pâte.
Humidifier les bords avec de l'eau, tirer sur la garniture et
presser ensemble pour former de petits sacs de pâte.

Faites chauffer l'eau dans un wok. Retirer la tige des feuilles
de chou et tapisser le fond du panier à vapeur en bambou

de feuilles individuelles (si vous utilisez du papier sulfurisé, piquez-le à quelques endroits avec une fourchette). Mettez les sacs de pâte à l'intérieur, badigeonnez d'huile de sésame, couvrez le panier à vapeur et faites cuire à la vapeur sur le wok pendant environ 15 minutes. Si vous ne disposez pas d'un panier vapeur en bambou, vous pouvez bien sûr utiliser un insert vapeur ordinaire et une casserole.

Servez-les encore chauds avec un petit bol de sauce soja légère pour les tremper.

Les momos peuvent être servis non seulement en entrée ou en collation entre les repas, mais aussi en plat principal, dans le panier vapeur lui-même ou sur un plat de service. Il peut être nécessaire d'augmenter les portions de six momos à plus par personne, en fonction du nombre de plats du repas.

Conseil de conservation : les momos non cuits peuvent être facilement congelés. Pour ce faire, recouvrez une boîte de congélation d'un film plastique et saupoudrez-la légèrement de semoule de maïs. Placez les momos dans l'ordre et saupoudrez-les de farine de maïs. Pour une deuxième couche de momos, placez le film plastique sur la première couche et continuez comme décrit. Fermez la boîte et congelez. Il n'est pas nécessaire de décongeler les momos avant de les cuire à la vapeur, mais le temps de cuisson est plus long de 5 minutes.

SOUPE ASIATIQUE YING ET YANG

Ingrédients

1 boîte de lait de coco
1 morceau(s) de viande de boeuf, environ 5 cm
2 mangue(s), mûre(s), (peut aussi être utilisée)
2 tiges d'herbe à citron
½ litre|de bouillon de légumes
2 bottes de coriandre
1 botte d'oignon(s) nouveau(x)
100 g de petits pois, jeunes
2 gousse/s d'ail
2 piment(s)
5 feuilles de citron kaffir
1 sachet/s|de safran
|Huile

Préparation

Faites sauter l'oignon de printemps haché, le gingembre haché, l'ail écrasé et la citronnelle dans un peu d'huile (l'huile de sésame est la meilleure). Puis déglacer avec le bouillon de légumes. Ajouter les piments et les feuilles de citron et laisser mijoter pendant environ 5 minutes à feu moyen. Ajouter ensuite le lait de coco et laisser mijoter pendant 10 minutes supplémentaires. Retirez les feuilles de citron et la citronnelle et réduisez le reste en purée à l'aide d'un mixeur (vous pouvez également retirer les piments si vous ne les aimez pas trop épicés).

Répartissez la soupe dans deux casseroles. Dans l'une, faites cuire les mangues hachées jusqu'à ce qu'elles soient tendres. Ajouter le safran et réduire à nouveau en purée. La soupe devrait avoir une couleur jaune très forte. Dans la seconde casserole, faites cuire les petits pois jusqu'à ce qu'ils soient tendres, ajoutez la coriandre et réduisez-la également en purée.

À l'aide de deux louches, versez les deux soupes dans l'assiette en même temps. Elles ne doivent pas se mélanger. À l'aide d'une cuillère à café, déposez une goutte de l'autre couleur au centre de chacune.

SACHETS DE SALADE À LA CHINOISE

Ingrédients

500 g|Filet(s) de poisson (pangasius, lieu jaune, etc.)
250 g de riz
3 piment(s) séché(s)
1 cuillère à café|d'herbe à citron, très finement hachée
1 cuillère à café|de grains de poivre noir
1 cuillère à café|de graines de piment fort
8 feuilles de chou chinois
du poireau, coupé en 8 fines lanières
|sel

Préparation

Faites cuire le riz selon les indications du paquet. Lavez le filet de poisson, puis faites-le cuire dans de l'eau salée pendant environ 10 minutes (ne pas faire bouillir !). Puis écrasez-le et mélangez-le avec le riz cuit. Écraser les piments, la citronnelle, le poivre et les graines de piment dans un mortier et en assaisonner le mélange riz/poisson.

Blanchir les feuilles de chou chinois dans de l'eau salée pendant environ 1 minute, les retirer et les égoutter. Disposez les feuilles, répartissez uniformément le mélange riz/poisson et pliez-les ensemble. Attachez-les avec les lanières de poireau. Chauffez les sacs de laitue dans de l'eau chaude salée, retirez-les, disposez-les sur des assiettes et servez.

MOULES THAÏLANDAISES SUCRÉES

Ingrédients

1 kg de moule(s)
1 cuillère à soupe d'oignon(s) rouge(s), versée(s) par morceaux
3 cuillères à soupe de sauce chili (sauce chili thaïlandaise douce)
60 ml|de vin blanc
3 cuillères à soupe, bombées|de feuilles de coriandre, hachées
3 cuillères à soupe de jus de citron vert

Préparation

Rincez brièvement les moules. Passez celles qui ne se ferment pas sous l'eau froide brièvement et décollez-les. Si elles ne se ferment pas, jetez la moule.

Mettez les moules dans une casserole. Ajoutez le vin blanc, les oignons, la sauce chili douce et la coriandre. Ajoutez le jus de citron vert, couvrez la marmite. Portez à ébullition en secouant la casserole de temps en temps. Il faudra 5 à 6 minutes pour que les moules s'ouvrent.

Servez les moules avec la sauce dans des assiettes profondes avec du pain blanc.

POULET AU CURRY
- WANTANS

Ingrédients

225 g de poulet, cuit et coupé en dés
3 cuillères à soupe d'oignon(s), haché(s)
3 cuillères à soupe de céleri haché
2 cuillères à café de poudre de curry
60 ml de mayonnaise
24|feuilles de pâte à WanTan
1 oeuf(s), fouetté(s)
1 litre d'huile

Préparation

Mélangez le poulet cuit avec les oignons et le céleri. Mélangez
la poudre de curry et la mayonnaise. Mélangez bien le tout.

Placez environ ¾ de cuillère à soupe de cette garniture
au centre de chaque assiette de WanTan - pâte.
Badigeonnez les bords avec de l'œuf. Pliez les feuilles
en triangles et pressez les bords ensemble.

Chauffez l'huile à 190 degrés. Faites frire les boulettes dans
l'huile jusqu'à ce qu'elles prennent une couleur brun doré.

Servez-les encore chauds avec une sauce épicée de votre choix.

CREVETTES ROYALES ENVELOPPÉES DANS DE LA PÂTE DE RIZ

Ingrédients

20 crevettes géantes
10|feuilles de riz (du magasin Asia)
10 g de mélange d'épices (Dayong, chin.)
|sel
|poivre
|sauce chili

Préparation

Saupoudrez les crevettes roses nettoyées avec les épices et laissez-les tremper un moment. Humidifiez les feuilles de riz jusqu'à ce qu'elles soient malléables, coupez-les en deux et enveloppez une crevette royale dans chacune. Faites-les frire dans une graisse chaude à 180 °C jusqu'à ce qu'elles soient croustillantes. Servez avec la sauce chili.

TREMPETTE AUX CACAHUÈTES ET À LA MOUTARDE

Ingrédients

10 g de gingembre frais
1|gousse(s) d'ail
1 demi-piment(s)
125 ml|de bouillon de poulet
2 cuillères à café|de poudre de curry
2 cuillères à soupe de sucre
100 g de beurre de cacahuète
|sel et poivre
100 g de moutarde
3 cuillères à soupe de miel
2 cuillères à café de sauce soja

Préparation

Pour le dip aux cacahuètes, pelez et râpez finement le gingembre, hachez finement la gousse d'ail. Retirez les graines du piment rouge et hachez-le finement. Mélangez le tout avec le bouillon de poulet, la poudre de curry, le sucre, le beurre de cacahuète et un peu de sel dans une casserole. Faites cuire à feu moyen pendant 30 secondes en remuant. Retirer et laisser refroidir.

Pour la trempette à la moutarde, mélanger au fouet

la moutarde, le miel, le sel, le poivre et la sauce soja
jusqu'à obtenir un mélange homogène.

Préparez 20 mini-rouleaux de printemps surgelés en suivant
les instructions de l'emballage et servez-les avec les sauces.

CREVETTES TEMPURA

Ingrédients

20 grosse(s) crevette(s) crue(s)
|Farine pour saupoudrer
200 g de farine (farine à tempura)
440 ml d'eau (eau glacée)
2 jaunes d'œuf
|Huile pour la friture

Préparation

Pelez les crevettes, retirez les intestins et coupez-les sur le dessous pour éviter qu'elles ne s'enroulent. Salez, poivrez et saupoudrez légèrement de farine.

Battre l'eau glacée et le jaune d'œuf dans un bol et incorporer brièvement la farine de tempura (préparer juste avant l'utilisation et ne pas remuer trop longtemps, les grumeaux sont normaux). Plongez les crevettes dans la pâte, égouttez-les brièvement et faites-les frire dans l'huile chaude jusqu'à ce qu'elles soient dorées et croustillantes.

Servir avec de la sauce chili.

BOULES DE PERLES

Ingrédients

100 g de riz
500 g de viande hachée
1 oeuf(s)
2 champignons (tung ku, champignons chinois)
2 champignons Mu-Err (morilles chinoises séchées)
2 cuillères à soupe de sauce soja
1 cuillère à café de sel
1 pincée(s)|sucre
3 oignon(s) poireau(x)
1 cuillère à soupe de poudre de cinq épices,
(ou plus, selon le goût)
|gingembre au goût (frais ou en poudre)

Préparation

Faites tremper les champignons séchés. Mélanger tous les ingrédients sauf le riz dans le mélange de hachis, former de petites boules (de la taille d'une noix), rouler dans le riz lavé et cuire à la vapeur (ou dans un autocuiseur) pendant environ 30 minutes. Servir avec des petits bols de sauce soja pour tremper.

WANTAN AU FOUR

Ingrédients

1 paquet de pâte feuilletée WanTan, congelée (disponible
dans les magasins asiatiques)
1|filet(s) de poitrine de poulet
50 g de porc
1|gousse(s) d'ail, éventuellement plus
1|coriandre
1 jaune d'œuf
1 cuillère à soupe de sauce soja
|sel et poivre
1 litre d'huile végétale
|sauce chili, thaïlandaise

Préparation

Décongelez la pâte feuilletée.
Coupez le blanc de poulet et le porc en petits morceaux. Mettez-
les dans un mixeur et réduisez-les en purée avec les épices, la
sauce soja et le jaune d'œuf. Formez de petites boules (2-3 cm
de diamètre) et placez-les sur des feuilles de pâte feuilletée
individuelles. Rabattre la pâte feuilletée sur les coins, plier
les coins droit et gauche vers l'intérieur et appuyer.
Faites chauffer l'huile. Faites-y frire les wan tans
jusqu'à ce qu'ils soient bien dorés.
Servez avec de la sauce chili thaïlandaise pour tremper.

ROULEAUX DE PRINTEMPS VÉGÉTARIENS

Ingrédients

Pour la garniture :
4 g|champignons chinois, séchés.
50 g|de pousse de bambou(s)
1|carotte(s)
2|oignon(s) de printemps
1 cuillère à soupe d'huile (huile de sésame)
50 g|de germes de soja
1 pincée(s) de poivre noir
1 gousse/s d'ail
1 pincée(s)|sel
un peu de farine et d'eau pour badigeonner
250 g de riz - feuilles
|huile, pour la friture

Préparation

Faites tremper les champignons pendant 1 heure et demie, sortez-les et coupez-les en fines lamelles. Coupez également en fines lamelles les pousses de bambou, la carotte épluchée et les oignons de printemps. Faites chauffer l'huile de sésame dans un wok (une poêle fera l'affaire) et faites brièvement sauter les champignons, les légumes coupés et les germes de soja lavés jusqu'à ce qu'ils soient croustillants. Assaisonnez

le tout et laissez refroidir. Déposer un tas de ce mélange de légumes sur chaque galette de riz et les former comme suit : Plongez les feuilles de riz une à une dans un bol d'eau tiède. Laissez ensuite les feuilles de riz s'égoutter sur une serviette en coton pendant cinq minutes.
Déposez 2 cuillères à soupe de la garniture sur le fond de la galette de riz. Roulez jusqu'à la moitié. Enduisez les côtés droit et gauche du mélange d'eau et de farine. Placez ces 2 côtés vers le centre et continuez à rouler. Badigeonnez l'extrémité supérieure avec le mélange eau-farine également et fermez le rouleau.
Ensuite, faites frire les rouleaux dans suffisamment d'huile à 180°C.
Attention, les extrémités mal fermées se détacheront pendant la friture. Il faut donc toujours former les rouleaux avec soin.

AIL SAUVAGE FRIT
- WANTANS

Ingrédients

1 botte|d'ail des ours
250 g|de viande hachée, mélangée
3|champignons chinois séchés
1 cuillère à café de sel
1 cuillère à café de poudre de cinq épices
1 cuillère à soupe de sauce soja
1 oeuf(s)
250 g de pâte à WanTan (prête à l'emploi)
|Huile (huile de sésame)

Préparation

Lavez l'ail des ours, coupez les tiges et hachez les feuilles très finement. Faites tremper les champignons dans de l'eau chaude pendant environ 10 minutes, pressez-les, puis coupez les tiges et hachez finement les têtes des champignons. Mélanger soigneusement la viande hachée, l'œuf, la sauce soja, l'ail sauvage, les morceaux de champignons, le sel et l'assaisonnement chinois.

Remplir chaque coquille de pâte à wantan avec une cuillère à café de la pâte à viande, humidifier les bords de la pâte et plier les wantans en petites poches. Assurez-vous qu'elles sont bien fermées et que rien ne peut suinter.

Faites chauffer l'huile dans un wok ou une poêle profonde. Faites frire les wantans à l'ail sauvage dans la graisse jusqu'à ce qu'ils aient une croûte dorée.

.

CREVETTES ASIATIQUES / CREVETTES À LA FAÇON LÉGÈRE

Ingrédients

12 grosses crevettes (crevettes tigrées noires)
1 cuillère à soupe de sauce soja
6 cuillères à soupe d'huile (huile d'arachide ou de sésame)
1 cuillère à café de coriandre
1 cuillère à soupe de jus de citron ou de citronnelle
1 cuillère à café de poudre de gingembre

Préparation

Rincez les crevettes fraîches ou décongelées, séchez-les et placez-les dans une marinade composée de sauce soja, d'huile, d'épices, de poudre de piment, de sel et de poivre pendant au moins 15 minutes.

Faites ensuite frire pendant environ 1,5 minute de chaque côté (les crevettes avec la carapace 1 minute de plus !) dans l'huile de sésame chaude. Servir encore chaud avec de la salade ou du pain.

Vous pouvez aussi mettre les crevettes sur des brochettes. Pour le gril, elles ne conviennent que sous certaines conditions, car elles deviennent très vite sèches.

Pour des raisons pratiques, j'utilise toujours des épices toutes prêtes, donc pas de gingembre frais ou autre - c'est plus rapide et tout aussi bon.

KHANOM PANG
NA GUNG

Ingrédients

300 g|de crevette(s), crue(s)
2 cuillères à soupe de sauce soja
1 oeuf(s)
8 racine(s) de coriandre
5 gousse/s d'ail
½ cuillère à café|de poivre blanc, fraîchement moulu
½ cuillère à café|de sel
un peu de poudre de chili
6 tranches de pain grillé
3 cuillères à soupe de sésame blanc
|de l'huile pour la friture, par exemple de l'huile d'arachide.

Préparation

Hachez grossièrement les crevettes nettoyées, les racines de coriandre, l'ail et passez-les au mixeur manuel pour obtenir une pâte fine. Versez dans un bol, incorporez les autres ingrédients (sauf les graines de sésame) et laissez reposer le mélange au réfrigérateur pendant environ 30 minutes.

Faire griller les tranches de pain, enlever la croûte et les diviser en diagonale.
Répartissez le mélange de crevettes en couche épaisse sur les tranches, saupoudrez de graines de sésame et appuyez un peu.

Chauffer l'huile dans un wok, puis faire frire les tranches

de pain grillé par lots avec le mélange de crevettes vers le bas, les retourner et lorsqu'elles sont dorées, les retirer du wok et les égoutter sur du papier absorbant.

Gardez-les au chaud jusqu'à ce qu'elles soient toutes cuites.

Servir avec l'ajad, la salade de concombre thaïlandaise.

BOULETTES DE CREVETTES

Ingrédients

500 g|Crabe, cru et décortiqué
230 g|Châtaignes (châtaignes d'eau), égouttées
¼ tasse/s|de fécule
2 cuillères à soupe|de sherry
1 cuillère à soupe|d'oignon(s) de printemps, haché(s)
1 cuillère à café de gingembre râpé
1 cuillère à café|de cinq épices en poudre
¼ cuillère à café de sel
1 oeuf(s)
|Huile pour la friture

Préparation

Mélangez tous les ingrédients, à l'exception de l'huile, dans un robot culinaire jusqu'à obtenir une pâte lisse. Dans la friteuse, faites chauffer l'huile. Faites tomber le mélange par petites cuillères dans l'huile et faites-le frire pendant quelques minutes jusqu'à ce qu'il soit doré. Egouttez bien. Servez chaud.

LASAGNE AUX SUSHIS

Ingrédients

70 g de riz à sushi
100 g d'eau
½ cuillère à café|de sel
1 ½ cuillère à café|de vinaigre de riz
1 cuillère à café|de sucre
½ cuillère à café|sel
150 g|mangue(s) fraîche(s), finement tranchée(s)
2|feuilles de nori
125 g|Filet(s) de saumon en un seul morceau, frais ou surgelé(s)
50 g|Fromage frais au saumon
100 g|de crevettes
un peu de|sel fumé
1 cuillère à café|de wasabi
à volonté|wasabi
|sauce soja

Préparation

Lavez le riz, puis préparez-le comme d'habitude avec l'eau et le sushi To : Chauffez le vinaigre de riz avec le sel et le sucre jusqu'à ce que le sel et le sucre se dissolvent.

Décongelez les crevettes et le saumon si nécessaire. Couper le saumon en fines tranches, les crevettes en trois.

Couper les feuilles de nori (il y en avait quatre dans mon cas). Vous pouvez voir la quantité d'ingrédients et ensuite estimer la taille que doivent avoir les feuilles. Traitez le riz pendant qu'il est encore chaud au toucher.

Faites chauffer le saumon une fois au micro-ondes pendant environ 1 min à faible puissance. De même pour les crevettes. Cela se passe mieux de cette façon que lorsqu'il est ensuite superposé. Si les crevettes et le poisson sont de bonne qualité et que vous les voulez encore légèrement crus, vous pouvez omettre cette étape.

Maintenant, mélangez bien les crevettes avec le fromage frais.

Maintenant, superposez. Placez d'abord une feuille de nori coupée sur une assiette et recouvrez-la finement de mangue. Placez une feuille de nori par-dessus. Mettez un peu moins de la moitié du riz sur le dessus. Placez ensuite le saumon sur le dessus. Saupoudrez un peu de sel fumé sur le dessus. Placez à nouveau une feuille de nori et du riz sur le dessus. Laissez un peu de riz sur le dessus. Maintenant, étalez délicatement le mélange de crevettes et de fromage frais sur le riz. Mettez à nouveau une feuille de nori sur le dessus, puis mettez le dernier morceau de riz et le reste des tranches de mangue sur le dessus.

Si vous le souhaitez, laissez reposer un peu pour qu'il s'imprègne mieux ou réchauffez-le directement au micro-ondes : Environ 2 minutes à puissance faible-moyenne.

Avant de servir, tartinez avec les œufs de poisson et dégustez avec du wasabi et de la sauce soja.

De cette façon, les sushis sont vraiment agréables à manger chauds en tant que repas principal. Accompagnez-les d'une soupe légère et chaude si vous le souhaitez.

CREVETTES ROYALES ENVELOPPÉES DE RIZ

Ingrédients

20 crevettes géantes
10|feuilles de riz
10 g de mélange d'épices chinoises (Dayong)
|sel
|poivre
|sauce chili
|graisse, pour la friture

Préparation

Les grosses crevettes nettoyées sont saupoudrées d'épices. Laissez-les ensuite tremper pendant un court moment. Humidifiez les feuilles de riz (jusqu'à ce qu'elles soient malléables), coupez-les en deux et enveloppez une crevette royale dans chacune. Faites-les frire dans une graisse chaude à 180°C jusqu'à ce qu'elles soient croustillantes. Servez avec la sauce chili.

BOULETTES DE CREVETTES CHINOISES

Ingrédients

500 g|Crevette(s), pelée(s), déveinée(s), crue(s)
50 g|de bacon
5|châtaignes (eau), au goût
1 cuillère à café|de sel
2 cuillères à café|de fécule
1|oeuf blanc
|chapelure (panko), en alternative à la panure
|poivre, sucre
|sucre
1 cuillère à café d'huile de sésame, foncée
|Huile pour la friture
|sauce chili, asiatique, douce et épicée

Préparation

Hachez très finement les crevettes, le lard et n.b. les châtaignes d'eau et mélangez-les avec le sel, le poivre, le sucre et la fécule de maïs. Mélanger avec le blanc d'œuf légèrement battu et l'huile de sésame pour former une sorte de pâte, qui doit ensuite reposer au réfrigérateur pendant environ 20 minutes.

Former des boules de la taille d'une noix à partir du mélange et les enrober dans le panko (chapelure asiatique, disponible dans les magasins asiatiques).

Faites chauffer l'huile dans un wok ou une friteuse et faites frire les boules jusqu'à ce qu'elles prennent une couleur brun doré. Égouttez-les sur du papier absorbant et servez-les avec de la sauce chili.

SAUCE AUX CACAHUÈTES

Ingrédients

6 cuillères à soupe de beurre de cacahuète
1 boîte de lait de coco
250 ml de bouillon de poulet

Préparation

Portez les ingrédients ci-dessus à ébullition dans une casserole et remuez jusqu'à obtenir une consistance crémeuse. Variez la quantité d'ingrédients en fonction de vos goûts.

Se marie bien avec le riz et le poulet.

VARIATION DE ROULEAUX DE PRINTEMPS AU WASABI - CRÈME AIGRE

Ingrédients

1 chou rouge de taille moyenne
5 oignons de printemps, selon la taille, également 6 morceaux
150 g de porc rôti (charcuterie), ou de poulet rôti (charcuterie)
30 g de racine de gingembre
1 mangue(s) de taille moyenne, mûre(s)
150 g|de pousses de luzerne, de radis ou d'oignon
¼ de botte|de feuilles de coriandre
32 feuilles de papier de riz, diamètre 22 cm
3 cuillères à café|de sauce (sauce hoisin)
3 cuillères à café de jus de chaux
1 litre d'huile, pour la friture
|sel
200 g de crème fraîche
4 cuillères à café de pâte de wasabi

Préparation

Cet apéritif est facile à préparer à l'avance, les rouleaux

de printemps n'ont besoin que d'être frits pendant quelques minutes avant d'être servis.

Éliminez soigneusement 8 grandes et belles feuilles extérieures du chou rouge, lavez-les, séchez-les et mettez-les au frais.

Laver 200 g supplémentaires de feuilles de chou rouge et les couper en très fines lamelles. Nettoyer les oignons de printemps, laver et couper le blanc et le vert clair en fins rouleaux. Couper le rôti de porc en fines lamelles. Pelez le gingembre et coupez-le également en fines lamelles. Epluchez la mangue et coupez la chair en tranches à partir du noyau. Coupez-en 150 g en lamelles, mettez le reste de côté.

Faites chauffer 1 cuillère à soupe d'huile dans une poêle antiadhésive et faites revenir le chou rouge et le gingembre pendant quelques minutes. Ajouter les oignons de printemps, les lamelles de mangue, le porc rôti et assaisonner avec la sauce hoisin, le sel et le jus de citron vert. Refaire frire le tout brièvement, puis laisser refroidir.

Rincez soigneusement les germes de luzerne et égouttez-les bien. Rincez la coriandre, secouez-la bien, mettez environ 6 tiges au réfrigérateur et arrachez les feuilles de la coriandre restante.

Mélanger la garniture de chou rouge refroidie avec les feuilles de coriandre et environ 40 g de germes.

Placez les feuilles de papier de riz une par une sur une grande assiette avec de l'eau et laissez-les gonfler. Placez ensuite une feuille de papier de riz souple à la fois sur un plan de travail humidifié. Déposer une bonne cuillère à soupe de garniture au centre du tiers inférieur de la feuille de papier de riz, replier les côtés et enrouler le tout. Enveloppez le rouleau dans une autre feuille de papier de riz. Faites 16 rouleaux (tous d'environ 8 cm de long) de la même manière. Percez tous les rouleaux à plusieurs reprises (par exemple avec une brochette en bois).

Préchauffez le four à 200° (four à convection).

Mélanger la crème aigre et la pâte de wasabi.

Faites chauffer l'huile dans une casserole (ou dans une friteuse) à environ 140°. Faire frire les rouleaux par lots jusqu'à ce qu'ils soient dorés et les égoutter sur du papier absorbant. Maintenez-les ensuite au chaud dans le four.

Disposer les rouleaux avec le reste des pousses de luzerne, les tranches de mangue, les feuilles de coriandre et la crème aigre au wasabi dans les feuilles de chou rouge et servir.

Conseil :
Si vous n'aimez pas les germes aussi croquants, vous pouvez les faire cuire à la vapeur dans du beurre chaud pendant deux à trois minutes.

POISSON CUIT À LA VAPEUR DANS DES FEUILLES DE BANANIER

Ingrédients

350 g de filet(s) de poisson blanc(s)
1 cuillère à soupe|de pâte de curry, rouge
250 ml|Crème de coco
150 g|de chou blanc, finement haché
2 cuillères à soupe de sauce de poisson
2 cuillères à soupe|de jus de citron vert
1 cuillère à soupe|de sauce chili, douce
1 morceau(s)|piment(s) frais, rouge(s) et
deux grandes feuilles de bananier

Préparation

Coupez les feuilles de bananier en 10 carrés de 10 cm sur 10 cm, et coupez-les en diagonale de 3 cm à partir des coins. Pliez les extrémités et pressez-les. Enveloppez-les avec une ficelle pour qu'elles deviennent des ramequins. Coupez les coins qui dépassent.

Coupez le poisson en fines lamelles et mélangez-le délicatement dans un bol avec la pâte de curry rouge et la crème de coco. Versez le mélange dans les ramequins. Tapissez de bananes ou de feuilles de chou un panier vapeur de taille appropriée et placez-y les ramequins. Un panier vapeur en bambou avec un couvercle est idéal pour cela. Couvrez le mélange de poisson avec le chou blanc finement haché et un peu de sauce de poisson et faites cuire à la vapeur pendant 7 minutes.

Avant de servir, arrosez de jus de citron vert et de sauce chili et saupoudrez de piment rouge finement haché.

Conseil : si vous ne disposez pas de feuilles de bananier, du papier d'aluminium fera l'affaire.

ROULEAUX DE PRINTEMPS THAÏS

Ingrédients

12 feuilles de pâte pour rouleaux de printemps
3 cuillères à soupe d'ail, grossièrement haché
3 cuillères à soupe de coriandre fraîche, hachée
3 cuillères à soupe|de sauce de poisson
1 cuillère à soupe|de sauce soja, légère
175 g|de chair de crabe
100 g|de crevette(s), finement hachée(s)
100 g|de viande de porc hachée
1 cuillère à café de sucre
3 cuillères à café|de poivre noir du moulin
500 ml|d'huile (huile d'arachide)
3 cuillères à soupe|de farine
5 cuillères à soupe d'eau

Préparation

Faites chauffer 1 cuillère à soupe d'huile d'arachide dans un wok. Faites frire l'ail pendant environ 30 secondes. Ajoutez le reste des ingrédients et faites frire jusqu'à ce que tout le liquide se soit évaporé. Laissez ce mélange refroidir complètement. Faites une "colle" de farine et d'eau et fournissez-la.

Placez une feuille de rouleau de printemps à la fois dans l'eau chaude pendant 15-20 secondes. Retirez-la et placez-la sur un essuie-tout humide. Déposer environ 1 cuillère à soupe de la garniture sur le quart supérieur de la feuille.

Repliez la feuille sur le dessus et les côtés. Enduisez le reste de la surface avec la pâte de farine et roulez. Mettez les rouleaux terminés de côté sur une assiette. Les rouleaux doivent être aussi secs que possible pour être frits.

Faites chauffer à feu vif le reste de l'huile d'arachide dans un wok. Ne faites frire que 3 rouleaux à la fois au maximum, sinon ils colleront ensemble. Egouttez les rouleaux terminés sur une serviette en papier.

Un dip aigre-doux accompagne très bien ce plat.

PAN DE NOUILLES INDONÉSIEN

Ingrédients

1 litre de lait de coco
5 piment(s)
1 cuillère à café de pâte d'épices (pâte de crabe)
½ cuillère à café|de sel
2 cuillères à soupe de flocons de noix de coco
2 cuillères à café de coriandre
1 botte de feuilles de coriandre
300 g de nouilles chinoises aux œufs
|huile (huile d'arachide)

Préparation

Faites cuire le lait de coco pendant environ 30 minutes à feu doux. Remuez de temps en temps. Coupez les piments en deux, retirez les graines et hachez-les finement.

Mettez la pâte de crabe dans un mortier avec les cubes de piment, le sel, les flocons de noix de coco et les graines de coriandre et écrasez. Ajoutez le mélange au lait de coco et faites chauffer. Lavez les feuilles de coriandre, essorez-les et effeuillez-les. Ajoutez les feuilles de coriandre à la sauce.

Faites cuire les nouilles selon les instructions de l'emballage, égouttez-les. Faites chauffer l'huile et faites-y revenir les nouilles. Ajoutez la sauce et portez à ébullition.

Disposez les nouilles et servez.

ŒUFS AU TAMARIN

Ingrédients

8 œuf(s)
3 cuillères à soupe de pâte de tamarin
3 échalotes
4 cuillères à soupe|de sucre brun
3 cuillères à soupe de sauce de poisson
5 cuillères à soupe d'huile (huile d'arachide)
2 cuillères à soupe|de feuilles de coriandre, fraîchement hachées
|Salade de feuilles
|eau

Préparation

Faites cuire les œufs à la coque pendant 10 minutes. Pendant ce temps, versez 100 ml d'eau chaude sur la pâte de tamarin et laissez reposer pendant environ 10 minutes. Rincez les œufs à l'eau froide, puis écalez-les soigneusement.

Malaxez bien l'extrait de tamarin à la main jusqu'à ce que les graines se séparent et qu'il reste un bouillon brun foncé. Passez ce bouillon au tamis à mailles grossières dans un bol.

Epluchez les échalotes et coupez-les en très petits cubes. Faites-les revenir dans 1 cuillère à soupe d'huile jusqu'à ce qu'elles deviennent translucides. Versez le bouillon de tamarin, le sucre et la sauce de poisson et laissez le tout bouillir jusqu'à épaississement.

Faire frire brièvement les œufs dans le reste de l'huile, les retirer à l'aide d'une écumoire et les disposer sur des feuilles de laitue.

Arroser de sauce tamarin et servir en saupoudrant de coriandre.

ROULEAU DE PRINTEMPS AU CANARD

Ingrédients

250 g de canard (de la cuisse, braisé)
50 g de carotte(s), coupée(s) en julienne
50 g de poireau, coupé en julienne
2 champignons (champignons shitake), coupés en dés
50 g|germes de soja, frais
50 g|nouilles en verre, cuites
½ cuillère à café de citronnelle, coupée en dés
½ cuillère à café|de gingembre, râpé
½ cuillère à café|de Tandoori masala
|Curry
1 œuf(s), dont le blanc d'œuf
|Sel, dont le blanc d'œuf
|Pâte pour les rouleaux de printemps

Préparation

Coupez la viande de canard en petits dés. Faire suer brièvement la julienne de légumes avec les champignons shitake et les germes de soja et mélanger avec les nouilles de verre, le gingembre et les autres épices pour obtenir unc masse compacte et assaisonner très épicé.
Couper la pâte à rouleau de printemps (prête à être achetée dans les magasins asiatiques !) en feuilles de 10 x 10 cm (faire des

feuilles un peu plus grandes, c'est très délicat), badigeonner les bords avec du blanc d'œuf et remplir chaque feuille avec une cuillère à café (pour les feuilles plus grandes, cela peut être une cuillère à soupe) de la masse, former des rouleaux de printemps. Faire frire à 170 degrés pendant environ 7 minutes, égoutter et dégraisser sur du papier absorbant. Servir avec un dip, par exemple le dip plaumen-gingembre.

WANTAN AUX LÉGUMES AVEC DIP AU SOJA

Ingrédients

4 traits|de graisse, (spray pour cuisson et cuisson au four)
150 g|de chou chinois, finement râpé
1 carotte(s), finement râpée(s)
100 g de tofu, finement haché
2 gousse(s) d'ail, pressée(s)
2 échalotes, finement hachées
5 cuillères à soupe de sauce soja
1 pincée de sel
1 pincée(s) de poivre noir fraîchement moulu
24|feuilles de pâte à WanTan
1 cuillère à café d'huile de sésame

Préparation

Préchauffez le four à 200 °C et vaporisez une grande
plaque à pâtisserie avec un spray pour le four.
Chauffez une grande poêle ou un wok à feu très vif et
vaporisez-le d'un spray pour la cuisson. Faites-y sauter le chou
chinois, les carottes, le tofu, l'ail et 1 1/2 échalote pendant
3 à 5 minutes. Retirer du feu et assaisonner avec 2 cuillères
à café de sauce soja, du sel et du poivre. Mettre de côté.
Étaler les feuilles de pâte WanTan sur une surface plane.
Déposer 1 cuillère à soupe de mélange de légumes au centre

de chaque feuille de pâte. Humecter les coins et plier en triangle. Déposer sur la plaque à pâtisserie préparée et vaporiser légèrement d'aérosol de cuisson. Faire cuire au four pendant 15 minutes jusqu'à ce que la pâte soit dorée. Pendant ce temps, fouetter ensemble le reste de la sauce soja, le reste de l'échalote et l'huile de sésame dans un petit bol. Servir avec le wanTan.

RONDELLES D'OIGNON FRITES ENROBÉES DE SÉSAME

Ingrédients

2 oignon(s)
½ tasse/n|de farine
½ tasse/n|d'eau
1|carotte(s), très finement hachée(s)
½ bouquet de ciboulette, hachée très finement
50 g de crabe(s), haché(s) très finement
100 g de sésame
|sel
|Farine
|huile, pour la friture

Préparation

Pelez les oignons et coupez-les en tranches de 8 mm d'épaisseur. Laissez 2 couches d'anneaux ensemble et séparez-les en un seul anneau de la tranche. Mélangez la farine avec l'eau pour former une pâte dure. Assaisonnez de sel et incorporez les carottes finement hachées, la ciboulette et les crevettes. Mélangez le tout pour former un mélange épais et moelleux. Saupoudrer les rondelles d'oignon d'abord dans la farine, puis dans le mélange, et enfin dans les graines de sésame. Appuyez fermement sur les graines de sésame pour éviter qu'elles ne se détachent pendant la friture. Faites frire les rondelles dans l'huile chaude jusqu'à ce qu'elles soient dorées et flottantes. Servez avec une sauce au vinaigre de soja.

ROULEAUX DE PRINTEMPS VIETNAMIENS

Ingrédients

8 feuilles|de papier de riz d'environ 20 cm de diamètre
30 g|de nouilles en verre, séchées
1 cuillère à café|d'huile de piment
3 cuillères à soupe|de petits choux de Bruxelles
1 cuillère à soupe|de champignons de Paris, séchés
100 g|de crabe, ou d'écrevisses
8 feuilles|de basilic, thaïlandais
|huile, ou graisse végétale

Préparation

Faites tremper les champignons selon les instructions
du paquet (environ 1 heure) et précuisez-les (environ 15
minutes), nettoyez-les et coupez-les en morceaux.
Précuire également les nouilles de verre selon les instructions
de l'emballage (faire tremper et bouillir brièvement), puis les
couper plus court et les mélanger avec l'huile de piment.
Lavez les germes et séchez-les bien, et séchez également
les crabes ou les écrevisses.

Mouillez un essuie-tout avec de l'eau chaude, étalez-
le, posez une feuille de papier de riz dessus, mettez un
deuxième essuie-tout humide par-dessus, appuyez

dessus et attendez environ 30 secondes.
Vérifiez si la feuille est déjà souple et élastique, si nécessaire,
attendez encore un peu. Placez une partie des nouilles de
verre au milieu de la feuille de riz en forme d'oblong, ajoutez
quelques pousses, du crabe, des champignons Mu Err et
deux feuilles de basilic. Pliez la feuille de riz du bas vers le
haut, pliez également les côtés et formez un rouleau.
Faites de même avec le reste des ingrédients.

Faites chauffer l'huile ou la graisse végétale dans une
casserole jusqu'à ce que des bulles apparaissent sur une
cuillère en bois. Faites glisser délicatement les rouleaux
un par un dans la graisse et faites-les frire jusqu'à ce qu'ils
soient croustillants. Égouttez-les sur du papier absorbant.

Servir avec une trempette de sauce de poisson,
de sauce de soja, de piment et d'ail.

Au Vietnam, les rouleaux sont aussi souvent consommés
crus ou à la vapeur, mais je préfère la version croustillante.

Les rouleaux de printemps peuvent être bien préparés,
je les pré-frites alors presque prêts, je les sors et les laisse
croustiller à nouveau dans la graisse juste avant de servir.
Attention, les ingrédients de la farce et le papier
de riz ne doivent pas être trop humides, sinon ils
vont couler au fond de la poêle pendant la friture
et se coller ou se défaire immédiatement.
Les feuilles de papier de riz sont disponibles
dans les magasins asiatiques.

ROULEAU DE PRINTEMPS VIETNAMIEN

Ingrédients

500 g de viande hachée
3 cuillères à soupe de sauce soja
3 carotte(s)
1 oignon(s)
8 morilles séchées
50 g|de nouilles en verre
1 œuf(s)
|sel et poivre
1 paquet de riz - papier d'environ 22 cm de diamètre
|huile

Préparation

Faites tremper les morilles dans de l'eau chaude pendant 20 minutes. Faites tremper les nouilles de verre dans l'eau chaude pendant 10 minutes, puis coupez-les en petits morceaux d'environ 5 cm avec des ciseaux. Coupez les carottes et l'oignon en petits morceaux et mélangez-les avec la viande hachée, les morilles pressées et hachées, les nouilles, l'œuf et la sauce soja dans un bol, salez et poivrez.

Mettez environ 1 à 2 cuillères à soupe du mélange sur un papier de riz trempé à la fois, puis roulez-le et fermezle. Faites ensuite frire dans l'huile pendant environ 10 minutes jusqu'à ce que les deux côtés soient dorés.

BOULETTES - BOULETTES CHINOISES

Ingrédients

1 paquet de pâte à boulettes (300 g, 30 pièces,
8 cm ø ; magasin asiatique)
4 oignon(s) nouveau(x)
10 g de racine de gingembre, fraîche
400 g de graisse de porc
1 oeuf(s), taille M
2 cuillères à café d'huile de sésame
1 cuillère à soupe d'huile
6 cuillères à soupe de sauce soja
2 cuillères à soupe de vinaigre de vin blanc

Préparation

1. Laissez décongeler la pâte pendant environ 2 heures.

2. Hachez finement les blancs et les verts clairs des
échalotes. Pelez et râpez finement le gingembre.

Mettez le hachis, l'œuf, le gingembre, les oignons
nouveaux et l'huile de sésame dans un bol. Pétrir
soigneusement tous les ingrédients.

4. Déposer 1 cuillère à soupe de garniture au centre
de chaque cercle de pâte. Badigeonnez le bord avec

un peu d'eau, pressez fermement ensemble. Former de petits plis sur les bords de la pâte.

Humectez une poêle à revêtement d'huile. Faites-y frire vigoureusement la moitié des quenelles.

Déglacez les quenelles avec 100 ml d'eau. Couvrez et faites cuire à la vapeur pendant 3 minutes. Faites cuire le reste des quenelles comme indiqué. 7.

Mélangez la sauce soja avec le vinaigre et servez avec les boulettes.

ROULEAUX DE PRINTEMPS FRAIS VIETNAMIENS

Ingrédients

20 feuilles de papier de riz, rondes
1 tête|de salade verte
20 crevettes (congelées)
1 poignée de germes de soja, frais
200 g|de nouilles de riz (bun)
500 g de porc (poitrine de porc)
1 botte|d'oignon(s) printanier(s)
1 botte|de coriandre verte
1 tasse|de sauce de poisson, vietnamienne (Nuoc Mam)
1 lime(s)
1 gousse/s d'ail
2 petit(s) piment(s), vert(s) et rouge(s)
1 œuf(s)
|légume(s) (Ngo Gai), vietnamien(s)

Préparation

Les rouleaux de printemps vietnamiens frais sont préparés par chaque convive à table. Au Vietnam, ils font partie de chaque grand repas. Dans notre pays, ils sont malheureusement très rares.

Préparez d'abord quelques ingrédients et disposez-les joliment décorés sur des assiettes. Mettez la poitrine de porc dans l'eau bouillante et faites-la cuire sans sel pendant environ 30 minutes, elle ne doit pas devenir trop molle. Retirez-la, laissez-la refroidir et coupez-la d'abord en fines tranches, puis en fines lamelles. Des couteaux aiguisés sont indispensables.

Assaisonner l'œuf avec un peu de sauce de poisson, battre jusqu'à ce qu'il devienne mousseux et faire frire une fine omelette dans l'huile chaude. Coupez-la également en fines lamelles. Couper les oignons de printemps en fines tranches diagonales, à la manière de Ngo Gai. Hacher la coriandre. Disposez les herbes, les oignons et les légumes sur une assiette, ainsi que l'omelette et les lamelles de poitrine de porc.

Blanchir les crevettes décortiquées dans de l'eau bouillante salée pendant 2 minutes maximum et les couper en deux dans le sens de la longueur. Disposez-les sur une assiette. Mettez le papier de riz sur une assiette, les feuilles de laitue également.

Maintenant, la sauce. Le Nuoc Mam est toujours sur la table au Vietnam, avec différentes variantes. Une part de sauce de poisson, une part d'eau, une pincée de sucre, le jus d'un demi-citron vert, une gousse d'ail hachée, des piments finement émincés, versez dans des bols selon votre goût.

Ensuite, vous êtes prêt à partir. Prenez une feuille de papier de riz, trempez-la brièvement dans un bol d'eau et posez-la sur l'assiette. Mettez ensuite une feuille de laitue, des crevettes, du porc, quelques nouilles, des pousses et des herbes. Attention, pas trop, le rouleau doit avoir une épaisseur d'environ 2-3 cm. Roulez ensuite un tour, puis repliez les bords latéraux vers l'intérieur et finissez de rouler. Cela semble compliqué, mais avec un peu de pratique, c'est assez facile. Puis trempez-les dans la sauce.

Conseil : Peut être préparé en cuisine pour les invités peu enclins au travail, bien sûr.

FLEURS DE COURGETTES FARCIES EN PÂTE À TEMPURA

Ingrédients

12 gros|florets de courgettes
100 g|de crevettes
2 oignons de printemps
1 petit|piment(s) rouge(s)
|Sauce soja
65 g de farine
65 g d'amidon
1 oeuf(s), dont jaune(s)
|eau, glacée, (environ 0,125l)
½ cuillère à café|de coriandre verte, hachée
|sel

Préparation

Mélangez la farine, la fécule de maïs, le jaune d'œuf et le sel. Ajouter l'eau et mélanger le tout avec un mixeur plongeant jusqu'à obtenir une pâte lisse, assaisonner avec la coriandre.

Fleurs de courgettes : enlever les pistils et les étamines. Farcir avec un mélange de crevettes hachées (sautées brièvement dans un peu d'huile de sésame), d'oignons verts finement hachés et de piment finement haché, le tout assaisonné d'un peu de sauce soja sucrée. Torsadez les fleurs ensemble, tirez-les à travers la pâte et faites-les frire dans une graisse chaude à 180°C.

Mon conseil :
Une sauce composée de chutney de mangue finement haché,
de yaourt, de piment rouge, d'un peu de sel et de sucre.

PALOURDES ÉPICÉES

Ingrédients

1 kg|de palourdes, (clams)
1 cuillère à soupe de sauce aux huîtres
1 cuillère à soupe|de sauce soja, légère
3|gousse(s) d'ail, grossièrement hachée(s)
1|piment(s) rouge(s) et/ou vert(s)
1 poignée de basilic, (feuilles de basilic tai ou ordinaire)
2 grosses échalotes, coupées en petits dés
2 cuillères à soupe d'huile, (huile de tournesol)

Préparation

Pour moi, une variation de grandes moules totalement
différente ! Facile et rapide à faire. Convient
comme amuse-gueule. Si c'est un plat principal,
utilisez environ 1/3 à 1/2 de plus.

Laver les palourdes et bien les égoutter. Retirer les graines
des piments et les couper en fines lamelles, éplucher
l'ail et le couper en morceaux relativement grossiers,
éplucher les échalotes et les couper en petits dés.
Faites chauffer un wok et ajoutez l'huile. Dès qu'elle
commence à fumer légèrement, ajoutez immédiatement
les moules, les échalotes, les piments et l'ail, en remuant
régulièrement. Faites-le pendant environ 5-6 minutes.
Ajoutez ensuite la sauce d'huître et la sauce soja et remuez
pendant encore 2 minutes, saupoudrez de basilic, c'est prêt !
Servez chaud immédiatement.

Garniture : baguette

ATTENTION : Ne mangez pas les moules
qui ne sont pas ouvertes !

BROCHETTES DE POULET SATÉ À LA SAUCE CACAHUÈTE

Ingrédients

4 cuisse(s) de poulet
20 g de gingembre
1|gousse(s) d'ail
1|piment(s) rouge(s)
4 cuillères à soupe d'huile végétale, par exemple
de l'huile de canola
4 cuillères à soupe de beurre de cacahuète, en morceaux
200 ml|de lait de coco, non sucré
200 ml|de bouillon de volaille
6 cuillères à soupe de sauce soja
4 cuillères à café d'huile de sésame
1 cuillère à café de jus de citron vert
1 pincée de sauce de poisson
2 oignon(s) printanier(s)
5 tiges de coriandre verte

Préparation

Placez 8 brochettes en bois dans un bol d'eau.

Pelez le gingembre et l'ail et hachez-les finement avec le
piment. Faites-les sauter dans 2 cuillères à soupe d'huile chaude
pendant 2 minutes. Ajouter le beurre de cacahuète et remuer

pour le faire fondre. Déglacer avec le lait de coco et le bouillon de poulet et laisser mijoter à feu doux pendant 5 min.

Pendant ce temps, dépouiller les cuisses de poulet et couper la viande de l'os. Coupez la viande en lanières plates de 2 cm de large, mélangez avec 4 cuillères à soupe de sauce soja et 2 cuillères à café d'huile de sésame et laissez reposer pendant 2 heures. Enfilez les morceaux de viande les uns près des autres sur les brochettes en bois.

Faites chauffer 2 cuillères à soupe d'huile dans une poêle. Faites frire les brochettes de poulet pendant 5 minutes de tous les côtés et placez-les sur une assiette allant au four. Faites-les rôtir dans un four chaud à 200 degrés Celsius, chaleur supérieure/inférieure, sur l'étagère du milieu, pendant 10 minutes supplémentaires.

Assaisonnez la sauce aux cacahuètes avec 2 cuillères à soupe de sauce soja, le jus de citron vert et quelques traits de sauce de poisson. Nettoyez les oignons de printemps, coupez le blanc et le vert clair en fines rondelles. Retirez les feuilles de coriandre des tiges. Saupoudrez la sauce arachide avec les oignons nouveaux et la coriandre et servez avec les brochettes de saté.

JAMBON - FROMAGE - WANTANS

Ingrédients

170 g de jambon, coupé en morceaux
170 g de fromage cheddar, coupé en dés
24|WanTan - plaques de pâte
1 oeuf(s), battu(s) en neige
1 litre d'huile

Préparation

Mélangez le jambon avec le fromage. Mettez une demi-cuillère à soupe sur chaque assiette de pâte WanTan. Badigeonnez les bords avec l'oeuf.

Pliez les assiettes en triangles et pressez les bords ensemble.

Chauffez l'huile à 190 degrés. Faites frire les boulettes dans l'huile jusqu'à ce qu'elles prennent une couleur brun doré.

Servez-les encore chauds avec une sauce épicée de votre choix.

SOUPE DE NOIX DE COCO - SAGOU

Ingrédients

50 g de sagou
200 ml d'eau
1 boîte de lait de coco
200 ml|d'eau chaude
1 tasse|de lait
150 g de sucre
|Jus de fruits

Préparation

Faites tremper le sagou dans 200 ml d'eau
chaude pendant environ 10 min.

Mélangez tous les ingrédients, sauf le jus de mangue, dans une
casserole. et faites chauffer. Egoutter le sagou, l'ajouter à la
casserole et faire cuire jusqu'à ce que le sagou soit translucide
(si vous utilisez 2 boîtes de lait de coco, réduisez l'eau ajoutée).

Versez la soupe dans des assiettes et servez.

Conseil : augmentez ou réduisez le sucre et le lait de coco selon
votre goût. La soupe peut être servie chaude ou froide.
Un verre à boire rempli à moitié de jus de mangue et à
moitié de soupe de sagou est également décoratif.

TOAST AUX CREVETTES

Ingrédients

350 g de crevette(s) crue(s)
2 œuf(s) de taille moyenne
1 gousse d'ail
75 g de châtaignes (châtaignes d'eau), finement hachées
1 cuillère à soupe de feuilles de coriandre, finement hachées
2 cuillères à café|de gingembre frais
¼ cuillère à café|de poivre
¼ cuillère à café|de sel
6 tranches de|pain grillé, sans croûte
1 cuillère à soupe de sésame blanc
2 litres d'huile, pour la friture

Préparation

Lavez les crevettes, épluchez-les. Séparez les deux œufs.
Hachez finement les blancs d'œufs et les crevettes
avec le reste des ingrédients, sauf le pain, dans un
robot ménager pour obtenir une pâte lisse.
Battez légèrement les jaunes d'œufs dans un bol.
Badigeonner le dessus des tranches de pain avec le jaune
d'œuf. Répartir uniformément le mélange de crevettes
sur le dessus, puis couper les tranches de pain blanc
en deux 2x en diagonale pour obtenir de petits coins.
Saupoudrez chaque coin de graines de sésame blanc.
Dans une poêle profonde, faites chauffer l'huile modérément.

Faites frire les tranches de pain, côté pâte de crevettes vers le bas, par petites portions pendant environ 10-15 secondes, jusqu'à ce qu'elles soient dorées et croustillantes. Égoutter sur du papier absorbant et servir chaud.

POULET - BÂTONNETS AU SÉSAME

Ingrédients

2 gousse(s) d'ail, écrasée(s)
1 cuillère à café de gingembre, fraîchement râpé
125 ml de sauce soja, japonaise (sauce Teriyaki)
1 cuillère à soupe de miel
1 cuillère à café d'huile de sésame
1 cuillère à soupe d'huile de colza ou de tournesol
500 g|de filet(s) de poitrine de poulet, coupé(s)
en 4 bandes dans le sens de la longueur
100 g|de Cornflakes non sucrés
2 cuillères à soupe de graines de sésame

Préparation

Mélangez les 6 premiers ingrédients dans un grand bol. Ajoutez le poulet et laissez-le mariner pendant 30 minutes à 1 heure.

Mettez les cornflakes dans un sac de congélation et écrasez-les grossièrement avec vos mains. Ajoutez ensuite les graines de sésame dans le sac et mélangez bien le tout. Égouttez la viande de poulet et ajoutez-la également dans le sac. Secouez jusqu'à ce que la viande soit bien enrobée de panure de tous les côtés et pressez la panure un peu plus.

Placez les lanières de poulet panées sur une plaque de cuisson recouverte de papier sulfurisé et faites-les cuire à la chaleur inférieure supérieure de 200°degrés,

dans un four préchauffé à convection de 180°degrés en
10-15 minutes jusqu'à ce qu'elles soient dorées.

Servir avec de la mayonnaise, de la sauce chili,
de la sauce aigre-douce ou du ketchup.

PAIN FRIT AVEC DU PORC HACHÉ - À TARTINER

Ingrédients

10 tranches de pain grillé
½ tasse/n|de viande de porc hachée
1 oeuf(s), fouetté(s)
1|piment(s) rouge(s), finement haché(s)
1 cuillère à soupe|de gousse(s) d'ail, hachée(s)
1 cuillère à café|de coriandre - racine, finement hachée
½ cuillère à café|de poivre
1 cuillère à soupe|de sauce soja, claire
2 cuillères à soupe|d'eau
quelques tiges|de coriandre verte
|huile

Préparation

Ecrasez la racine de coriandre avec l'ail et le poivre jusqu'à obtenir une masse homogène et ajoutez-la au porc. Mélangez ensuite avec la moitié de l'œuf battu, la sauce soja et l'eau.

Coupez les tranches de pain grillé en quatre et faites-les sécher au four à feu doux. Déposez une cuillère à soupe de viande hachée sur chacun des quartiers de pain grillé, en formant un petit "monticule" au milieu. Badigeonner avec le reste de l'œuf battu, garnir de feuilles de coriandre et de piment rouge.

Faites chauffer l'huile dans un wok et faites frire les tranches de toast des deux côtés jusqu'à ce qu'elles soient dorées, puis égouttez-les sur du papier absorbant.

BÂTONNETS DE TOAST AUX CREVETTES ET AU SÉSAME

Ingrédients

225 g|de crevettes, crues (décortiquées)
25 g de saindoux de porc
1|blanc d'œuf, légèrement fouetté
1 cuillère à café d'oignon(s) printanier(s), haché(s)
½ cuillère à café de gingembre, haché
1 cuillère à soupe de vin de riz, de vin de Chine ou de sherry sec
1 cuillère à café d'amidon à cuire
2 cuillères à café d'eau
|Sel et poivre
6 tranches|de pain grillé, sans bord
140 g de sésame
|huile, (huile d'arachide) pour la friture (ou
huile végétale si disponible)

Préparation

Hachez les crevettes avec le saindoux assez finement pour obtenir une pâte grossière. Mettez cette pâte dans un bol et mélangez le blanc d'œuf, la ciboule, le gingembre et le vin de riz. Dans un petit bol, mélangez la fécule de maïs et l'eau jusqu'à obtenir un mélange homogène, ajoutez à la pâte de crevettes et assaisonnez avec du sel et du poivre.

Répartissez maintenant la pâte de crevettes sur les tranches de pain grillé. Mettez les graines de sésame sur une assiette et pressez-y les toasts avec le côté enduit.

Faites chauffer l'huile dans un wok ou une grande poêle. Faites cuire les tranches par lots, avec les garnitures vers le bas, pendant 2 à 3 minutes jusqu'à ce qu'elles soient dorées ! Sortez-les à l'aide d'une cuillère à trous et égouttez-les sur du papier absorbant. Coupez ensuite les tranches en bâtonnets de la largeur d'un doigt et servez immédiatement !

POCHES DE VIANDE INDONÉSIENNES - RISOLES

Ingrédients

10 grandes|feuilles de pâte à rouleaux de printemps
300 g de viande de bœuf hachée
3 carotte(s)
2 échalotes
3 gousse(s) d'ail
1 pincée(s)/poudre de muscade
sel et poivre à volonté
150 ml d'eau
2 cuillères à soupe de farine
1 oeuf(s)
1 cuillère à soupe de lait
au goût|de chapelure
|de l'huile pour la friture et le fritage

Préparation

Pelez les échalotes, l'ail et les carottes. Coupez les carottes et les échalotes en petits cubes et faites-les frire dans l'huile d'une poêle. Ajoutez l'ail. Ajoutez la viande dans la poêle. Assaisonnez avec la noix de muscade, le sel et le poivre. Mélangez et faites frire jusqu'à ce que la viande soit cuite.

Mélangez la farine avec l'eau, puis ajoutez-la à la

poêle. Remuez de temps en temps jusqu'à ce que le mélange épaississe. Assaisonnez selon votre goût. Retirez la poêle du feu. Laissez refroidir.

Fouettez l'œuf avec le lait dans un plat profond. Mettez la chapelure dans un autre plat profond.

Placez une feuille de nems sur le plan de travail. Déposez 1 à 2 cuillères à soupe de garniture à la viande dans le centre du bas de la feuille (à une petite distance du bord). Repliez les côtés. Roulez. Tremper le rouleau dans le mélange d'oeufs, puis le rouler dans la chapelure jusqu'à ce que tous les côtés soient enduits.

Faire frire chaque côté pendant environ 2 à 3 minutes jusqu'à ce que le brunissement souhaité soit atteint.

ŒUFS MARINÉS

Ingrédients

8 œuf(s) de taille moyenne
350 ml d'eau
350 ml de vinaigre, (vinaigre de fruits)
1 cuillère à soupe|de sucre de canne, brun
3 cuillères à soupe de sel
½ cuillère à soupe|de poudre de curry, doux
4|piment(s) rouge(s)
3 cuillères à soupe de sauce chili, douce
2 traits d'huile de sésame, foncée
éventuellement du gingembre
|Sel et poivre
|Sucre brun
|Persil
|jus de citron

Préparation

Tout d'abord, rincez un bocal à conserves (min. 1 litre) avec de l'eau chaude, puis stérilisez-le au four à 120 degrés pendant 15 minutes (moins de degrés si vous utilisez la convection). Laissez ensuite refroidir complètement sur un torchon propre et laissez sécher.

Faites cuire les œufs à la coque pendant 10 minutes, puis égouttez-les et pelez-les après qu'ils aient un peu refroidi.

Faites bouillir l'eau, le vinaigre, 1 cuillère à soupe de sucre, 3 cuillères à soupe de sel et une demi cuillère à soupe de curry en poudre et remuez - laissez bouillir jusqu'à ce que le sel et le sucre se dissolvent. Passez ensuite au travers d'un torchon.

Ouvrez maintenant les piments, retirez les graines et coupez-les en lanières. Si vous le souhaitez, vous pouvez également ajouter un peu de gingembre, mais pas plus de 30 g, puis le couper également en lamelles.

Mettez les œufs, le piment et le bouillon dans le bocal et laissez infuser pendant une journée.

La meilleure façon de procéder est de faire une sauce. Pour cela, mettez la sauce chili sucrée, l'huile de sésame, 1 à 2 cuillères à café de jus de citron, 1 cuillère à café de sucre brun, ainsi que le persil et une pincée de sel et de poivre dans un bol et remuez jusqu'à ce que le sucre et le sel soient dissous.

SOUPE CHINOISE AUX POMMES AU CURRY AVEC DE LA VIANDE DE POULET

Ingrédients

2|Pomme, douce ou moyennement douce (par exemple Cox).
½|citron(s), pressé(s)
300 g|d'oignon(s) de poireaux
1 gousse/s|d'ail, pressée(s)
½ cuillère à café|de gingembre frais, râpé
2 cuillères à soupe|de beurre gras
1 cuillère à café|de poudre de curry
50 ml|de vin blanc
500 ml|de bouillon de poulet à la viande (du bocal)
125 ml|de crème fraîche
100 ml|de lait de coco
1|piment(s) vert(s), frais, épépiné(s), très finement haché(s)
|sel

Préparation

Pelez, épépinez et coupez les pommes en dés. Coupez une pomme en cubes très fins, l'autre pomme en cubes plus grossiers. Mettez les cubes fins dans un bol et mélangez-les avec le jus de citron. Mettez-les de côté.

Coupez les oignons de printemps en fines rondelles et mettez-les dans une casserole avec le gingembre, l'ail, (un peu !) le piment et les cubes de pomme plus grossiers et faites-les sauter brièvement avec 1 cuillère à soupe de beurre clarifié. Ajouter le curry en poudre et faire revenir brièvement. Déglacer avec le vin et ajouter le bouillon de poulet. Couvrir et laisser mijoter à feu doux jusqu'à ce que les morceaux de pomme soient tendres. Remuez de temps en temps. Ajouter ensuite la crème et le lait de coco et réduire le tout en purée avec un mixeur plongeant. Assaisonnez avec du sel et ajoutez du piment rouge haché si nécessaire.

Faites fondre 1 cuillère à soupe de beurre clarifié dans une petite poêle et faites-y chauffer brièvement (!) les fins cubes de pomme, puis mélangez-les à la soupe. Remuez bien le tout à nouveau et servez chaud.

SAUMON SAUVAGE CANADIEN CUIT AU FOUR AU CURRY ET CONCOMBRE SAUTÉ DANS UNE SAUCE YAOURT-CITRON VERT

Ingrédients

300 g|de saumon sauvage canadien prêt à cuire, sans peau
2 assiettes/pâte, (pâte à rouleau de printemps)
1|concombre(s)
1|Orange(s), biologique(s)
1 citron(s) vert(s), bio
20 g|Sésame
100 g|de yaourt naturel ou de yaourt grec
|graisse de beurre, pour la friture
15 g|pâte à frire, fruitée et piquante
1 pincée(s) |sel et poivre noir

Préparation

Lavez le saumon sauvage, séchez-le en le tapotant et coupez-le en cubes grossiers. Râpez le zeste des oranges et pressez-les. Mélangez le saumon avec les graines de sésame, le curry, le zeste râpé et le jus des oranges et formez deux pralines de taille égale.
Coupez la pâte à rouleau de printemps en bandes fines
de trois millimètres. Roulez ou enrobez les pralines
de saumon individuellement dans les bandes de pâte
à rouleau de printemps et pressez-les bien.
Chauffez le beurre clarifié dans une petite casserole
à la température la plus élevée possible et faites-
y frire les pralines individuellement pendant environ
60 secondes jusqu'à ce qu'elles soient croustillantes.
Puis les égoutter sur du papier absorbant.
(Important : la friture rapide rend l'extérieur de la pâte super croustillante et croquante, mais le saumon ne reçoit pas trop de chaleur au point de devenir sec. C'est-à-dire qu'au milieu, il a encore un centre vitreux cru. C'est intentionnel :)

Pour les bandes de concombre sautées, pelez le concombre
avec un économe. Continuez ensuite à peler de larges
bandes du concombre avec l'économe jusqu'à ce que le cœur
soit révélé. Mettez ensuite les bandes de concombre dans
une petite casserole. Mettez-la sur la cuisinière. Ajoutez
une pincée de sel et à puissance moyenne, sans ajouter de
matière grasse, faites cuire les concombres à la vapeur dans
leur propre bouillon. Une fois qu'il n'y a plus de vapeur,
ce qui signifie que l'eau a été complètement éliminée du
concombre, mettez la casserole de côté. Pressez le citron vert.
Incorporez rapidement le yaourt ainsi que le jus du citron vert.
Assaisonnez à nouveau avec une pincée de sel si nécessaire.

Disposez le saumon sauvage canadien cuit au four avec le curry dans des assiettes, arrosez avec le yaourt et servez.

POULET CHINOIS AUTHENTIQUE À LA MODE DU SICHUAN

Ingrédients

1 poulet

1 botte d'oignon(s) printanier(s)

3 cuillères à soupe de cacahuètes

1 cuillère à soupe de graines de sésame grillées

1 cuillère à soupe de flocons de chili ou de piments
séchés, épépinés et finement hachés

1 tasse d'huile de colza ou autre huile neutre

1 grosse racine de gingembre

6 gousse/s d'ail

1 anis étoilé

1 bâton de cannelle

2 cuillères à soupe de poivre de Szechuan

1 tasse de vin blanc

1 cuillère à soupe de pâte de sésame

2 cuillères à soupe|de sauce soja, légère

2 cuillères à soupe|de bouillon de poulet

1 cuillère à soupe|de vinaigre de riz ou de vinaigre
chinois (Vinaigre)

½ cuillère à café|de sel

Préparation

Ce plat convient aussi bien à l'apéritif qu'au plat principal.

C'est un plat originaire de la cuisine sichuanaise qui se sert froid ou tiède et qui ne doit manquer dans aucun restaurant sichuanais. Attention, il est épicé !

Pour préparer la sauce, placez les cacahuètes, écrasées dans un mortier ou finement hachées, dans un bol avec les graines de sésame grillées, les flocons de piment et 1/2 cuillère à café de sel. Chauffez 1-2 tasses d'huile (peut être un peu plus) dans une poêle à feu moyen-doux et ajoutez les ingrédients suivants :

1/2 bouquet d'échalotes, coupées en morceaux d'environ 3 - 4 cm de long.
1/2 bulbe de gingembre, coupé en tranches
4 gousses d'ail, coupées en tranches
1 anis étoilé
1 bâton de cannelle
2 cuillères à soupe de poivre de Szechuan, peut être un peu plus

Les saveurs des ingrédients s'infusent lentement dans l'huile. Le feu ne doit pas être trop élevé pour éviter de brûler. Faites lentement rôtir jusqu'à ce que les ingrédients deviennent bruns et aient libéré leurs arômes, créant ainsi un parfum subtil.

Versez l'huile à travers une passoire dans le bol avec les cacahuètes, les graines de sésame, le piment et le sel. Les ingrédients grillés dans l'huile resteront et ne seront plus utilisés dans cette recette. Par conséquent, assurez-vous que les arômes ont bien été transférés dans l'huile. Remuez et couvrez. Ne pas rouvrir avant d'avoir besoin de la sauce.

Pour le poulet, portez une grande casserole, à peu près à moitié pleine d'eau, à ébullition avec le reste du gingembre tranché, le reste des oignons verts, en morceaux de 3 à 4 cm, et le vin. Il doit y avoir assez de liquide pour couvrir le poulet entier. Ajoutez le poulet, attendez que le liquide bouille à nouveau et laissez cuire pendant 1 à 2 minutes. Puis éteignez complètement le feu et laissez le poulet reposer, couvert, sur la cuisinière pendant 20 minutes.

Pendant ce temps, vous pouvez préparer un bain de glace pour le poulet dans un bol assez grand.

Après les 20 minutes, placez le poulet (sans le gingembre et les échalotes) dans le bain de glace et laissez-le refroidir complètement. Faites attention à ce que la peau ne se détache pas.

Pour servir, découper le poulet (enlever les os si nécessaire, mais laisser la peau) et le placer sur un plat de service.

Mélangez la pâte de sésame avec la sauce soja, le vinaigre de riz, les gousses d'ail restantes émincées et le bouillon de poulet dans un bol. Ajoutez la sauce que vous avez préparée au début et remuez. Versez maintenant cette sauce sur le poulet découpé. Si vous le souhaitez, vous pouvez la garnir d'oignons de printemps finement hachés ou de feuilles de coriandre hachées.

Conseil : cela vaut la peine de laisser un peu de sauce ou d'en faire un peu plus et de la manger avec des nouilles le lendemain !

POIRES AU VIN
DE PRUNES

Ingrédients

3 petites poires, fermes mais mûres
200 ml de vin de prune, japonais
1 cuillère à café de bouillon de poulet en poudre
1 cuillère à café de miel
5 tranche(s)/racine de gingembre, fraîche
1 pincée(s)/piment du Sichuan

Préparation

Retirez l'écorce du gingembre et coupez-le en tranches. Faites chauffer le vin de prune avec le miel, le bouillon ou le sel selon votre goût. Le bouillon ne doit pas bouillir longtemps.

Pelez et évidez les poires et coupez-les en petits morceaux. Faire glisser les morceaux de poires dans le bouillon, réduire le feu. Une fois que tout est chaud, retirez la marmite du feu. Laissez les morceaux de poire infuser avec le bouillon toute la nuit ou pendant deux à trois jours au réfrigérateur.

Retirez les morceaux de poire, disposez-les et saupoudrez de poivre de Szechuan selon votre goût.

Il ne s'agit pas d'un dessert, mais d'un plat acidulé et salé, mais aussi parfumé, qui convient comme l'un des nombreux plats d'un buffet froid, par exemple, à côté du rosbif, des sushis ou du fromage épicé.

Au lieu du poivre de Szechuan, vous pouvez utiliser du poivre sanshop japonais, qui a également un parfum citronné, mais qui est beaucoup plus doux. Ou du poivre noir si vous voulez que ce soit juste un peu plus épicé. Vous pouvez aussi ne pas utiliser de poivre du tout.

CREVETTES AU CURRY ET À LA MANGUE

Ingrédients

3 cuillères à soupe d'huile, (huile d'arachide)
2 gousses d'ail, pressées à l'intérieur
1 oignon(s) rouge(s), finement haché(s)
1|lime(s), son jus
4 cuillères à soupe|de pâte de curry, douce
400 ml|de lait de coco
2 cuillères à soupe|d'amande(s), moulue(s)
30|crevettes géantes, décortiquées
1|mangue(s), coupée(s) en dés
|sel
selon le goût|des feuilles de coriandre

Préparation

Dans une casserole, faites chauffer l'huile. Faites-y sauter l'ail et les oignons, en remuant constamment, pendant 4-5 minutes à feu pas trop vif, jusqu'à ce qu'ils deviennent translucides. Incorporer la pâte de curry et faire revenir brièvement, puis ajouter le jus de citron vert et le lait de coco, remuer et laisser mijoter pendant environ 3 minutes. Ajouter les crevettes et les amandes moulues et assaisonner de sel. Laissez mijoter brièvement jusqu'à ce que la sauce épaississe et que les crevettes deviennent roses. Incorporez les cubes de mangue et faites chauffer rapidement.

Garnir de feuilles de coriandre si désiré et servir

dans des assiettes chaudes.

Servir avec du riz basmati et un bon Chardonnay.

BROCHETTES DE BŒUF À L'ASIATIQUE

Ingrédients

350 g de filet(s) de bœuf
1|piment(s) vert(s)
6 oignon(s) nouveau(x)
3 cuillères à soupe de sauce soja
2 cuillères à soupe de sherry
2 cuillères à café d'huile, (huile de sésame)
2 cuillères à café de sucre
2 cuillères à soupe de sésame

Préparation

Coupez le filet de bœuf et le poivron en dés, coupez l'oignon
vert en lanières obliques d'environ 2 cm de long, enfilez-les
alternativement sur des brochettes en bois trempées dans l'eau.
Préparez une marinade avec les autres ingrédients et faites-y
mariner les brochettes, couvertes, pendant au moins 12 heures.
Grillez ou faites griller les brochettes jusqu'à
ce qu'elles soient égouttées.

PILONS DE POULET AVEC TREMPETTE AU TAMARIN

Ingrédients

12 pilon(s) de poulet
4 oignon(s) de poireau
60 g de pâte de tamarin
50 g de sucre de canne
un peu de sel
70 ml|sauce de poisson
80 g|miel d'acacia
20 ml|jus de chaux
60 ml|de sauce soja
1 cuillère à soupe|de curcuma en poudre
1 ½ cuillère à soupe|de flocons de chili
1 cuillère à soupe|de graines de coriandre
8 tiges|de coriandre verte
20 g|de riz basmati

Préparation

La veille, faites griller les graines de coriandre dans une poêle sans matière grasse et écrasez-les dans un mortier avec la poudre de piment et la poudre de curcuma. Mélangez maintenant les épices avec la sauce soja, la sauce poisson, le miel, 30 g de sucre de canne et 20 g de pâte de tamarin. Lavez les cuisses de poulet et séchez-les en les tapotant.

Mettez-les ensuite dans un bol avec la marinade et laissez-les mariner au réfrigérateur pendant au moins 12 heures.

Le lendemain, pour le dip, laver les feuilles de coriandre, les essorer, garder quelques feuilles pour la décoration et hacher finement le reste. Nettoyer, laver et hacher très finement les oignons de printemps.

Faites griller lentement le riz dans une poêle sans matière grasse jusqu'à ce qu'il soit brun clair. Laissez refroidir puis broyez-le finement dans un mortier. Mélangez la farine de riz, les oignons nouveaux, la coriandre, 40 grammes de pâte de tamarin, 30 ml de sauce de poisson, 20 ml de jus de citron vert, 1 cuillère à café de flocons de piment et 20 g de sucre de canne pour faire un dip et assaisonnez avec un peu de sel. Placez ensuite le dip au réfrigérateur.

Préchauffez le four à 180 degrés en haut/bas. Tapissez la plaque du four de papier sulfurisé et étalez-y les pilons de la marinade. Faites rôtir les pilons au four pendant environ 35 minutes. Retournez-les plusieurs fois et badigeonnez-les plusieurs fois avec la marinade. Lorsque les pilons sont cuits, servez-les chauds avec le dip et garnissez-les de quelques feuilles de coriandre.

NOUILLES DAN-DAN

Ingrédients

2 gousse/s d'ail
1 cuillère à soupe bombée de flocons de chili
1 cuillère à soupe, bien remplie, de graines de sésame
1 cuillère à café, bombée, de poivre de Szechuan
4 cuillères à soupe d'huile
1 cuillère à soupe|de sauce soja
1 cuillère à soupe|de sucre brun
1 cuillère à soupe|de vinaigre noir
1 cuillère à soupe, bombée|de beurre de cacahuète
100 g de nouilles (n'importe quel type)
quelques pak choi ou 1 oignon nouveau

Préparation

Tout d'abord, coupez l'ail en petits dés ou pressez-le et
mettez-le dans un bol. Ajoutez les flocons de chili, les
graines de sésame et le poivre de Szechuan moulu.

Faites chauffer l'huile dans une poêle et mélangez-la chaude
avec les épices. Ajoutez la sauce soja, le sucre brun, le beurre
de cacahuète et le vinaigre noir et la sauce est prête.

Faites cuire les nouilles.

Mettez une bonne cuillère à soupe de sauce dans une assiette
creuse, ajoutez une cuillère à soupe d'eau pour les nouilles et les
nouilles cuites, mélangez bien le tout, ajoutez 1 à 2 feuilles de
pak choi ou un oignon nouveau coupé en tranches et c'est prêt.

CREVETTES AU FOUR

Ingrédients

350 g de crabe
2 jaunes d'oeuf
4 cuillères à soupe de chapelure
|Huile de noix de coco

Préparation

Fouettez le jaune d'oeuf et enrobez les crabes avec.
Retournez ensuite les crabes dans la chapelure. Faites
chauffer l'huile de noix de coco dans la poêle et faites-
y frire les crabes jusqu'à ce qu'ils soient dorés.

ROULEAUX DE PRINTEMPS SPÉCIAUX

Ingrédients

500 g|de filet(s) de saumon, sans peau ni arêtes
15 feuilles|de pâte à rouleaux de printemps
500 g|d'épinards frais, jeunes
1 tête|de laitue, (laitue frisée ou similaire)
1 botte|de feuilles de coriandre, fraîches
3 bols|de cresson, shiso (le cresson convient aussi)
2 oeufs
3 échalote(s)
2 gousse/s d'ail
1 verre de|germes de soja
1 pot de|souche(s) de bambou
1 morceau(s) de cerf frais, d'environ 4 cm de long
5 cuillères à soupe d'huile de sésame
2 cuillères à soupe de sésame, (graines)
4 cuillères à soupe de sauce soja, claire ou foncée
6 cuillères à soupe de sirop d'érable
3 cuillères à soupe de sauce chili sucrée
|Piment, du moulin
|Poivre noir, du moulin
|Sel
|graisse végétale, pour la friture

Préparation

Nettoyez les épinards, lavez-les et séchez-les bien en les
secouant. Pelez le gingembre, épluchez les échalotes et

l'ail et hachez le tout ensemble. Coupez les pousses de bambou en lanières. Egoutter les germes de soja. Faites chauffer 3 cuillères à soupe d'huile de sésame dans un wok et faites-y sauter les légumes en dés, les germes de soja, les pousses de bambou et les graines de sésame. Ajouter les épinards et remuer pour les incorporer. Saler et poivrer les épinards, déglacer avec 2 cuillères à soupe de sauce soja, réserver et laisser refroidir.

Couper le filet de saumon en cubes d'environ trois centimètres et le mélanger aux épinards. Séparez les œufs et montez les blancs d'œufs en neige, sans les battre, jusqu'à ce qu'ils deviennent mousseux. Placez une feuille de pâte en forme de losange sur le plan de travail et déposez une cuillère à café (ou plus) de garniture au fond. Badigeonnez les bords avec le blanc d'oeuf battu. Repliez le coin inférieur sur la garniture. Repliez ensuite les deux moitiés latérales et repliez les sommets ensemble. Roulez le rouleau de bas en haut. Appuyez bien sur l'extrémité pour qu'elle ne s'ouvre pas pendant la friture. Préparez les autres rouleaux de la même manière.

Chauffez la graisse à environ 170°C dans une casserole ou une friteuse et faites frire les rouleaux jusqu'à ce qu'ils soient dorés et croustillants. Egouttez-les ensuite sur du papier absorbant et salez-les légèrement.

Pour le dip, mélangez le reste de l'huile de sésame avec le sirop d'érable et le reste de la sauce soja. Lavez et hachez finement la coriandre. Assaisonnez de sel, de poivre et de piment et incorporez la coriandre hachée. Mélangez bien la laitue frisée et le cresson shiso avec le mélange de soja (retenez un peu de sauce) et répartissez-les uniformément sur un plateau. Déposer les rouleaux de printemps sur le dessus et servir avec la sauce. Arrosez de sauce chili douce si vous le souhaitez.

TARTARE DE THON ÉPICÉ

Ingrédients

2 cuillères à café, bombées|de gingembre
frais, finement haché ou râpé
100 ml|d'huile végétale
400 g|de thon, qualité sushi
2 cuillères à soupe|de feuilles de coriandre, finement hachées
1|piment(s), épépiné(s) et finement haché(s)
1 cuillère à soupe d'oignon(s) de printemps, finement haché(s)
3 cuillères à café de jus de citron vert
|sel marin
|poivre
1 tomate(s), pelée(s) et épépinée(s)

Préparation

La veille, faites tremper le gingembre dans l'huile et
laissez-le reposer au réfrigérateur. Coupez le thon en
petits cubes et mettez-les dans un bol froid.
Mélangez les morceaux de gingembre avec une cuillère à
soupe de coriandre, le piment finement haché, l'oignon vert,
3 cuillères à café de jus de citron vert et 4 cuillères à café
d'huile de gingembre. Assaisonnez de sel et de poivre.

À l'aide d'anneaux de service, placez-les au centre des assiettes.
Verser le reste de l'huile de gingembre autour du tartare,
placer les morceaux de tomates hachées sur le dessus, puis
le reste de la coriandre. Arroser de jus de citron vert.

SUZMA

Ingrédients

1 litre|de yaourt (Qatiq), voir la description de la recette.
½ cuillère à café|de sel
|poudre de poivre

Préparation

La base de cet apéritif, très répandu en Ouzbékistan et particulièrement populaire en été, est le Qatiq. Ce produit laitier d'Asie centrale a un goût similaire à celui d'un ayran turc, mais a presque la consistance d'un yaourt.

Mélangez bien le sel avec le qatiq, placez le mélange dans une toile de lin et laissez-le s'égoutter dans une passoire au réfrigérateur pendant une nuit. Pour servir, lisser sur une assiette et saupoudrer d'un peu de poudre de paprika.

C'est très bon avec du pain frais.

POULET - SATÉ

Ingrédients

500 g de filet(s) de poitrine de poulet
1 petit oignon(s)
125 ml de lait de coco
125 g|de beurre de cacahuète, grossier
2 cuillères à café d'huile (huile de sésame), foncée
70 ml|de sauce soja
2 cuillères à soupe|de sauce chili, douce
1 cuillère à soupe|de miel
1 cuillère à café|de curcuma
1 cuillère à café de coriandre
½ cuillère à café|de poudre de chili (alternativement
1/2 pincée de sambal oelek)
1 cuillère à soupe d'huile

Préparation

Tout d'abord, faites tremper des brochettes en bois
(nombre selon les besoins) dans de l'eau froide.
Coupez les filets en deux dans le sens de la longueur. Dans un
bol, mélangez au fouet la sauce soja (sauf 2 cuillères à soupe),
le miel, l'huile de sésame, le curcuma, la coriandre et la poudre
de piment. Enfilez la viande sur les brochettes en bois en
forme d'accordéon et placez-la dans la marinade. Couvrez et
laissez mariner au réfrigérateur pendant au moins 2 heures.
Pour la sauce, hacher finement l'oignon et le faire revenir dans
l'huile jusqu'à ce qu'il soit translucide. Incorporez ensuite
le beurre de cacahuète, les 2 cuillères à soupe restantes de

sauce soja, le lait de coco et la sauce chili. Réduisez le tout à une sauce crémeuse à feu doux. Faites griller les brochettes dans le four préchauffé pendant environ 7-8 minutes, en les badigeonnant plusieurs fois avec la marinade.
Servir ensemble avec la sauce.

Servir avec du riz basmati.

PLA DE L'HOMME
DE LA MORT

Ingrédients

400 g|Filet(s) de poisson, par exemple cabillaud, lieu
jaune, l'important est une chair ferme sans arêtes
100 g|Haricots verts, cuits dans de l'eau salée et hachés
très finement
1 oeuf(s), éventuellement 2, en fonction de leur taille
2 cuillères à soupe de sauce de poisson
1 cuillère à soupe de pâte de curry rouge
2 feuilles de kaffir lime, très finement hachées
un peu de poivre noir
un peu de sucre
1 cuillère à soupe de farine de riz, pour lier, si nécessaire
|huile, pour la friture

Préparation

Retirez les arêtes des filets de poisson, si nécessaire. Coupez
ensuite les filets de poisson crus en gros dés, puis passez-les au
hachoir ou au robot ménager pour obtenir une pâte pas trop
fine. Mélangez maintenant très bien avec les autres ingrédients.
N'ajoutez la farine qu'avec précaution, petit à petit, si le mélange
est trop liquide. Laissez refroidir pendant environ 30 minutes.
Ensuite, avec les mains mouillées, formez 20 petits gâteaux
plats et faites-les frire dans l'huile chaude jusqu'à ce qu'ils
soient dorés. Egoutter sur du papier absorbant avant de servir.
Le sel n'est généralement pas nécessaire dans cette

recette, car la pâte de curry et la sauce de poisson en contiennent suffisamment.

Elle se marie bien avec une trempette au concombre.

AVOCAT - CROSTINI

Ingrédients

16 tranches de baguette(s)
3 cuillères à soupe d'huile d'olive
1 gousse/s|d'ail, pelée(s)
200 g de fromage frais
4 demi-avocat(s), pelé(s), chacun coupé en 4 tranches
4|oignon(s) de printemps, avec le vert, finement haché(s)
2|piment(s) rouge(s), de la taille d'un pouce, épépiné(s),
finement haché(s)
250 ml|vinaigre (vinaigre de riz)
175 g de sucre
1 cuillère à café de sel
3 gousse/s d'ail, finement hachées
3|piment(s) rouge(s), de la taille d'un pouce, épépiné(s),
finement haché(s)
3 cuillères à soupe de coriandre verte, finement hachée

Préparation

Portez le vinaigre et le sucre à ébullition dans une casserole
moyenne et laissez mijoter pendant 3 minutes jusqu'à ce
qu'un sirop se forme. Versez dans un bol et laissez refroidir.
Mélangez ensuite soigneusement le sel, l'ail, le piment et
les feuilles de coriandre. Préchauffez le four à 200°C.

Pour faire les crostinis, placez les tranches de pain sur une
plaque à pâtisserie recouverte, badigeonnez-les de 3 cuillères à
soupe d'huile et assaisonnez-les. Faites cuire pendant 6 minutes,
jusqu'à ce que les bords soient bruns mais que l'intérieur soit

encore tendre. Frottez-les avec l'ail et mettez-les de côté.

Répartir 1 à 2 cuillères à café de fromage frais sur chaque
tranche de pain et recouvrir de 2 tranches d'avocat
et d'oignons verts. Arroser de la sauce de trempage
au chili doux, saupoudrer de chili et servir.

GÂTEAUX DE RIZ
AU RHUM

Ingrédients

100 ml|de lait de coco
8 g d'agar-agar
1|gousse(s) de vanille
125 g de sucre
400 g d'ananas frais
4 cuillères à soupe|de rhum blanc
400 g|Crème fraîche
120 g|Riz, cuit

Préparation

Mélangez le lait de coco et l'agar-agar et laissez reposer pendant 20 minutes. Passez 150 g de pulpe d'ananas au mixeur. Portez à ébullition la purée d'ananas, la pulpe de vanille grattée, le lait de coco et 100 g de sucre et faites cuire pendant 2 minutes. Retirez du feu et laissez refroidir légèrement. Incorporer le rhum, la crème fraîche et 100 g de riz. Versez dans des petites tasses ou des ramequins et mettez au frais. Faites brièvement griller le reste du riz et le sucre dans une poêle. Si nécessaire, démouler les galettes de riz et servir avec des morceaux d'ananas et du riz au sucre.

CREVETTES AU KECAP - BEURRE

Ingrédients

3 cuillères à soupe de beurre, non salé
3 cuillères à soupe|de sauce soja (kecap manis), ou 1,5
cuillère à soupe de sauce soja et de sirop de sucre chacun
1 cuillère à soupe|de jus de citron vert, fraîchement pressé
600 g|Crevette(s), déveinée(s), coupée(s) avec la carapace

Préparation

Faire fondre le beurre dans une petite casserole ou une poêle, retirer du feu, incorporer la sauce soja sucrée et le jus de citron vert. Rincer les crevettes sous l'eau courante, les égoutter et les éponger avec du papier absorbant. Badigeonner les crevettes incisées avec le mélange de beurre.
Préparer le gril pour une cuisson directe et bien le chauffer. Badigeonner et huiler la grille du gril. Placer les crevettes, côté incisé vers le haut, sur la grille chaude. Déposer un peu de mélange de beurre dans l'incision et faire griller pendant 2 minutes. Retourner avec des pinces et continuer à griller, en badigeonnant chaque fois un peu de beurre, jusqu'à ce que les crevettes soient bien rouges à l'extérieur et fermes mais encore légèrement glacées à l'intérieur.

JAUNE D'ŒUF FERMENTÉ

Ingrédients

1 oeuf(s), taille M
1 cuillère à soupe de sucre de canne
2 cuillères à soupe de sel gemme
1 pincée(s) de poivre

Préparation

Mélangez le sucre et le sel gemme. Séparez le jaune d'œuf du blanc d'œuf. Mettez le mélange sel/sucre dans un petit bol en verre et placez délicatement le jaune d'œuf par-dessus. Moulez un peu de poivre sur le dessus. Couvrez et mettez au réfrigérateur pendant environ 8 heures.

Conseil : Servez l'œuf avec des sushis.

CROQUETTE GORENG

Ingrédients

700 g|pomme(s) de terre, déjà écrasée(s)
200 g de carotte(s)
200 g de boeuf, cuit
2 oignon(s)
3 oeufs
150 g de sauce (hoi sin)
1 cuillère à soupe de ketchup aux tomates
2 cuillères à soupe|de farine
|lait
|chapelure
|beurre
|sel et poivre
|sucre
| noix de muscade, râpée
½ cuillère à café|Sambal Oelek
|huile pour la friture

Préparation

Vous pouvez très bien utiliser des restes pour ce plat, par exemple de la purée de pommes de terre ou du bœuf rôti ou bouilli. Toutes les quantités sont approximatives et peuvent être modifiées selon les goûts.

Couper les carottes en tranches, hacher le bœuf, hacher finement les oignons et l'ail. Faire revenir le tout dans du beurre et assaisonner avec du sel, du poivre, du sucre et beaucoup de noix de muscade.

Pétrir la purée de pommes de terre avec de la farine et du lait pour obtenir une pâte. Former de grandes croquettes et les remplir du mélange de viande. Incorporer 3-4 œufs battus et enrober de chapelure. Faire frire dans l'huile chaude jusqu'à ce qu'elles soient brunes et croustillantes.

Servir avec une trempette de sauce hoi sin mélangée à une cuillère à soupe de ketchup.

WANTANS AVEC TREMPETTE DE CRÈME AIGRE

Ingrédients

4 squirts|de graisse (spray pour cuisson et cuisson au four).
2|patates, pelées et coupées en dés
2|gousse(s) d'ail
60 g|de fromage, râpé, 45-48 % de matières
grasses dans la matière sèche
7 cuillères à soupe de crème fraîche
1 cuillère à soupe|de ciboulette, hachée
24|feuilles de pâte à tarte VanTan

Préparation

Préchauffez le four à 180 °C. Vaporisez une plaque
à pâtisserie avec de l'aérosol de cuisson.

Mélangez la pomme de terre et l'ail dans une casserole.
Couvrir d'eau, porter à ébullition et faire cuire pendant
environ 15 minutes.
Égoutter et placer les deux dans un grand bol.
Ajouter le fromage et 4 cuillères à soupe de crème aigre.
Écraser le mélange à l'aide d'une fourchette et mélanger.

Étaler les feuilles de pâte sur un plan de travail. Déposer une
cuillère à soupe de garniture sur chaque tranche. Humidifier
les coins avec les doigts mouillés et plier en demi-cercles.

Déposer les WanTan sur une plaque à pâtisserie
et les vaporiser d'aérosol de cuisson.

Faire cuire au four pendant 15 minutes jusqu'à
ce que les tranches soient dorées.

Pendant ce temps, mélanger le reste de la
crème sure avec la ciboulette.
Servir avec le WanTan.

ŒUFS AU THÉ

Ingrédients

8 œuf(s)
4 cuillères à soupe de thé (thé noir, mélange fort)
1 anis étoilé
2 bâtons de cannelle, cassés en leur milieu
3 gousses de cardamome, pressées dessus

Préparation

Placez délicatement les œufs dans l'eau bouillante à l'aide d'une
cuillère et laissez-les cuire pendant environ 10 minutes.

Faites bouillir 1 litre d'eau avec le thé et
les épices et retirez du feu.

Tapoter les œufs sur toute la surface avec une cuillère jusqu'à
ce que la coquille soit uniformément recouverte de fines
fissures, les placer dans l'infusion de thé (les œufs doivent
être recouverts du liquide) et laisser reposer toute la nuit.

Ne pelez les œufs que juste avant de les servir.

ROULEAUX À LA CORIANDRE

Ingrédients

1 botte de feuilles de coriandre
75 ml d'huile d'olive
20 g de parmesan
50 g de noix de macadamia
|sel de mer
|Poivre noir du moulin
1 pincée(s) de sucre
1|citron(s), non traité(s)
1 paquet|de pâte, filo ou yufka-
1|oeuf blanc
1|gras de beurre

Préparation

Coupez les racines et les tiges inférieures de la coriandre. Lavez le citron à l'eau chaude et râpez finement son zeste. Râpez le parmesan.

Faites griller à sec les noix de macadamia dans une poêle. Attention, elles brûlent facilement.

Broyez finement la coriandre avec l'huile d'olive. Ajoutez ensuite les noix, le parmesan et le zeste de citron et réduisez également en purée. Assaisonnez à votre goût avec du sel marin, du sucre et du poivre noir. La consistance ne doit pas être trop liquide.

Etalez la pâte filo en bandes de 15 cm de large coupées dans le sens de la longueur. Remettez immédiatement la pâte restante dans le film plastique et utilisez-la ailleurs. Si vous utilisez de la pâte à yufka, assurez-vous lors de l'achat que ce sont les feuilles les plus fines et qu'il ne s'agit pas de triangles prédécoupés.

Traitez toujours les pâtes rapidement et ne les laissez à l'air libre que peu de temps. Elles se dessèchent très facilement et sont alors difficiles à manipuler. Vous pouvez aussi mouiller un torchon, puis l'essorer très bien et le poser sur la pâte.

Battez légèrement les blancs d'oeufs.

Répartissez environ 2 cuillères à café de pesto de coriandre dans le tiers inférieur de la bande de pâte. Badigeonnez le reste de la bande de pâte avec le blanc d'œuf. Pliez légèrement la bande de pâte sur les côtés gauche et droit, sur toute la longueur, puis enroulez-la. Veillez à ce que le mélange de coriandre ne s'écoule pas et à ce que le rouleau soit compact.

Faites chauffer du beurre clarifié dans une poêle antiadhésive et faites frire les rouleaux jusqu'à ce qu'ils soient dorés. Servez immédiatement.

Avec cette quantité de pesto, vous obtenez 6 à 8 rouleaux.

BŒUF TATAR
ASIATIQUE

Ingrédients

400 g de filet(s) de bœuf
100 g|Radish(s), noir(s)
1|lime(s), bio
2 pincées de pâte de wasabi
1 cuillère à café|de racine de gingembre, râpée
3 cuillères à soupe|de sauce soja, légère
2 cuillères à soupe de sauce teriyaki
2 cuillères à café de sauce chili, aigre-douce
1 cuillère à café de pâte de tomate
2 cuillères à soupe d'huile de sésame
100 g|de graines de sésame, noires et blanches mélangées
|Sel
|piment sichuanais, du moulin

Préparation

Rincez la viande à l'eau froide et séchez-la en la tapotant.
Coupez-la très finement avec un couteau très aiguisé
- ne pas hacher ou émincer !

Peler le radis et le couper en cubes très fins. Pressez le citron vert et râpez la moitié de son zeste. Mélanger la viande avec le radis, le wasabi, le gingembre, le jus et le zeste du citron vert, les sauces et l'huile, couvrir et mettre au frais pendant environ 20 min.

Saler et poivrer le tartare, former des pains allongés de

l'épaisseur d'un pouce, couvrir d'un film plastique et mettre au frais pendant 20 min supplémentaires.

Faire griller les graines de sésame dans une poêle sans huile jusqu'à ce qu'elles soient parfumées et laisser refroidir sur une assiette. Roulez les pains dans ces graines et disposez-les joliment avec des légumes verts, par exemple du cresson, des jeunes poireaux finement hachés, etc.

MINI ROULEAUX DE PRINTEMPS TRADITIONNELS

Ingrédients

2 cuillères à soupe d'huile

2 gousse/s d'ail, finement hachées

2 cuillères à café de gingembre, pelé et râpé

100 g de porc, finement haché

100 g de poulet, finement haché

60 g de crevette(s), décortiquée(s) et
éviscérée(s), finement hachée(s)

2 tiges de céleri, finement hachées

6 châtaignes (châtaignes d'eau), finement hachées

4 échalote(s) ou oignon(s) de printemps, finement hachés

90 g|de chou chinois, coupé en fines lanières

1 petite carotte, finement hachée

2 cuillères à café|de farine de fécule

2 cuillères à soupe de sauce aux huîtres

2 cuillères à soupe de bouillon de volaille

1 cuillère à café|d'huile, huile de sésame, foncée

20 feuilles de pâte pour rouleaux de printemps
(11,5x11,5 cm) décongelées

2 cuillères à café|de farine de fécule, mélangées
à 2 cuillères à soupe d'eau

1 litre|d'huile végétale, pour la friture

1 cuillère à soupe de sauce soja

Préparation

Faites chauffer 1 cuillère à soupe d'huile dans un wok ou une poêle à feu moyen et faites-y sauter l'ail et le gingembre pendant 1 minute. Ajouter le porc, le poulet et les crevettes et faire sauter jusqu'à ce que le mélange commence à colorer après 3 min. Garder au chaud dans un petit bol. Ajouter 1 autre cuillère à soupe d'huile au wok et chauffer à nouveau à feu moyen. Ajouter le céleri, la carotte, les châtaignes d'eau, l'échalote ou l'oignon vert et le chou chinois et faire sauter jusqu'à ce qu'ils soient ramollis, environ 2 minutes. Dans un petit bol, mélanger la farine d'amidon, la sauce d'huître, la sauce soja et le bouillon de poulet. Ajouter le mélange au wok et porter à ébullition, réduire le feu à moyen et laisser mijoter la sauce pendant 1-2 min. Retirer du feu et laisser refroidir complètement. Ajouter le mélange de porc refroidi et l'huile de sésame et bien mélanger.

Séparer les feuilles de pâte à rouleau de printemps les unes des autres, les placer sur le plan de travail et les recouvrir d'un essuie-tout humide. Humectez les bords avec le mélange amidon-eau. Placez un coin au centre et déposez 1 cuillère à soupe de garniture sur le dessus, repliez les coins latéraux sur la garniture et roulez à partir du bas. Enduisez les bords du mélange amidon-farine et appuyez bien. Placez le côté couture vers le bas sur une planche et couvrez avec un torchon humide. Faites de même avec les autres feuilles de pâte. Faites chauffer l'huile dans un wok ou une poêle profonde à 190 °C. La température est atteinte lorsque des bulles se forment autour d'un morceau de pain et qu'il prend une couleur dorée. Ajoutez les rouleaux de printemps par lots et faites-les frire pendant 1 min jusqu'à ce qu'ils soient dorés. Retirez-les à l'aide d'une cuillère à trous et égouttez-les sur du papier absorbant.

Servir avec une sauce rapide aigre-douce.

PÂTÉ LERBER

Ingrédients

600 g de saindoux
160 g|foie(s) de poulet, finement haché(s)
160 g de foie(s) de porc, finement haché(s)
10 tranche(s) de pain grillé, coupée(s) en petits dés
4 œuf(s)
80 g d'ail, pressé
3 cuillères à soupe|de poivre, grossièrement haché
250 ml d'eau
2 bottes de coriandre
4 baguette(s)
2 poivrons rouges
10 cuillères à soupe de mayonnaise
2 cuillères à café de sel
1 cuillère à café de sucre
1 cuillère à soupe de sauce soja

Préparation

Il nous faut aussi un filet de porc.
Mélangez bien le foie de poulet, le foie de porc, le hachis,
le pain grillé, l'ail, le poivre, les oeufs, 200ml d'eau, le sel,
le sucre, la sauce soja, mettez tous les ingrédients dans un
moule graissé. Couvrir le moule d'un filet de porc. Faire
cuire à la vapeur pendant 45 minutes, puis au four à 175
degrés pendant environ 15 minutes et laisser refroidir.
Hacher finement la coriandre, ainsi que les piments. Verser
dans de petits bols. Ajouter la mayonnaise. Couper la baguette

en tranches. Répartir le pâté de foie sur le dessus, la coriandre (en abondance), les piments selon le goût et la mayonnaise.

MENTIONS LÉGALES

Printed by Amazon Italia Logistica S.r.l.
Torrazza Piemonte (TO), Italy

54075255R00114